HIPPOCRENE CONCISE DICTIONARY

T0275355

UZBEK-ENGLISH
ENGLISH-UZBEK
DICTIONARY

HIPPOCRENE CONCISE DICTIONARY

UZBEK-ENGLISH ENGLISH-UZBEK DICTIONARY

Kamran M. Khakimov

HIPPOCRENE BOOKS, INC.
New York

Kamran Khakimov was born in Tashkent, Uzbekistan. He graduated from Moscow Literary Institute with the degree in Uzbek literature and history of culture. K. Khakimov is a writer, translator, literary critic and journalist. Many of his translations and articles have been published in periodicals in the Soviet Union. He is a member of Central Asia P.E.N. Presently he works at *Panorama*, Russian weekly in Los Angeles.

Copyright© 1994 by Kamran Khakimov. *Second printing, 2002.*

All rights reserved.

For information, address:
HIPPOCRENE BOOKS, INC.
171 Madison Avenue
New York, NY 10016

ISBN 0-7818-0165-6

Printed in the United States of America

ЎЗБЕКЧА -ИНГЛИЗЧА
ИНГЛИЗЧА-ЎЗБЕКЧА
ҚИСҚАЧА ЛУҒАТ

КОМРОН ҲАКИМОВ

HIPPOCRENE BOOKS
Нью-Йорк

GUIDE TO PRONUNCIATION

Uzbek letter	Latin transliterations	English equivalent
А а	a	As a in art
Б б	b	b in belt
В в	v	v in voice
Г г	g	g in go
Д д	d	d in day
Е е	ye	ye in year
Ё ё	yo	yo in your
Ж ж	dj	j in jello
З з	z	z in zoo
И и	i	i in milk
Й й	y	y in may
К к	k	k in kill
Л л	l	l in lamp
М м	m	m in man
Н н	n	n in need
О о	o	o in oil
П п	p	p in pot
Р р	r	r in rich
С с	s	s in small
Т т	t	t in tie

У у	u	oo in book
Ф ф	f	f in foot
Х х	h	h in help
Ц ц	ts	ts in cats
Ч ч	ch	ch in child
Ш ш	sh	sh in shark
ъ	"	hard sign
ь	'	soft sign
Э э	e	e in end
Ю ю	yu	y in you
Я я	ya	ya in young
Ў ў	ŏ	o in worse
Қ қ	q	c in clock
F r	gh	gh in Humburg
Х х	kh	h in help
	:	long sign

Бир қанча товушларни айтилиши

нг   - очиқ оғиз билан айтиш.

т   - тилни тиш орачига олиб т харфини
айтиш.

д   - тилни тиш орасига олиб д харфини
айтиш.

ABREVIATIONS

adj	adjective
adv	adverb
conj	conjuction
n	noun
num	numeral
postp	postposition
prep	preposition
pron	pronoun
v	verb

UZBEK - ENGLISH
DICTIONARY

А

абадий	[abadiy]	adj eternal
абжак бўлмоқ	[abdjak]	v crash, smash
абжир	[abdjir]	adj adroit, smart
абзац	[abzats]	n paragraph, section
абира	[abira]	n great grandson,granddauter
аблах	[ablakh]	n fool
абонемент	[abonement]	n subscription (ticket)
абонент	[abonent]	n subscriber
авайламоқ	[avaylamoq]	v take care of
авангард	[avangard]	n advanceguard, vanguard
аванс	[avans]	n advance
авария	[avariya]	n accident
авбош	[avbosh]	n hooligan,ruffian
аввал	[avval]	adv earlier,at first
август	[avgust]	n August
авзои	[afzoi]	n mood, condition
авиация	[aviatsiya]	n aviation, aircraft
авлод	[avlod]	n posterity
автобус	[aftobus]	n motor bus, omnibus
автограф	[aftograf]	n autograph
автозавод	[aftozavod]	n automobile plant
автомат	[aftomat]	adj automatic

13

автомобиль	[aftomobil'] n motor car, automobile
автоном	[aftonom] adj autonomus
автор	[aftor] n author
авторучка	[aftoruchka] n fountain-pen
агар	[agyar] conj if
аграр	[agrar] adj agrarian
агрессия	[agressiya] n agression
агроном	[agronom] n agronomist
ада	[ada] n papa, daddy
адаб	[adab] n courtesy, politeness
адабиёт	[adabiyot] n literature
адабий	[adabiy] adj literary
адад	[adad] number, date
адашмоқ	[adashmoq] v loose one's way, get lost
адвокат	[advokat] n lawyer, attorney
адёл	[adyol] n blanket
адиб	[adib] n writer, man of letters
адил	[adil] adj straight
адир	[adir] n hill
адлия	[adliya] n justice
адо	[ado] n execution, fulfillment
адо бўлмоқ	[ado bolmoq] v to be over
адоват	[adovat] adj hostility
адолат	[adolyat] n justice, truth
адрес	[adres] n address
аёв	[ayov] n pity

14

аёз   [ayoz] n frost, hard frost, cold

аёл   [ayol] n n woman

аён   [ayon] adj evident, obvious

ажал   [adjal] n death

ажин   [adjin] n wrinkle

ажнабий   [adjnabiy] adj foreign,n foreigner

ажойиб   [adjoyib] adj wonderful, suprising

ажралиш   [adjralish] n separation, parting

ажрамоҳ   [adjramoq] v cut off, separate

аза   [aza] n mourning,funeral repast banquet

азбаройи   [azbaroyi] prep for

азбаройи худо [azbaroyi hudo] for God's

азиз   [aziz] adj dear

азим   [azim] adj large, great

азоб   [azob] n torture(s), suffering

азобламоҳ   [azoblanmoq] v worry, suffer

азон   [azon] n azan (call to prayer)

айиб   [ayib] n guilt, fault

айвон   [ayvon] n terrace, verandah

айёр   [ayyor] n cunning fellow, dodger

айиҳ   [ayiq] n bear

айлана   [aylana] n circle

айланмоҳ   [aylanmoq] v turn around

аймоҳ   [aymoq] n tribe

айни   [ayni] adj the same

айнимоҳ   [aynimoq] v be spoilt, brake down

айниқса [ayniqsa] adv especially, particulary

айрилмоқ [ayrilmoq] v come off

айрон [ayron] n ayran (a drink made of sour milk and water)

айтмоқ [aytmoq] v say, tell

айиш [ayish] n enjoyment, pleasure

айгоқчи [ayghoqchi] n intelligence officer

ака [akya] n elder brother

акбар [akbar] adj great

акс [aks] n reflection

аксарият [aksariyat] n majority

аксинча [aksincha] on the contrary

актёр [aktyor] n actor, actress

актив [aktiv] activ members

актуал [aktual'] of present interest

акцент [aktsent] n accent, accentuation

акционер [aktsioner] n stockholder, shareholder

акция [aktsiya] n share, stock

алайкум салом [alayk'yum salom] greetings

алам [alam] n grief, sorrow

аланга [alangya] n flame, flare, braze

албатта [al'batta] adv certainly, of course

алгебра [algebra] n algebra

алдамоқ [aldamoq] v deceive

алиф	[alif] the first letter of arabic alphabet
алифбе́	[alifbe] n alphabet
алишмо́қ	[alishmoq] v exchange
алла́	[alla] n lullaby
аллаки́м	[allakim] adj any, pron somebody
алланарса́	[allanarsa] pron anything
алланеча́	[allanecha] num few, several
аллақаерга́	[allaqaerga] adv somewhere
аллақайси́	[allaqaisi] adj some
аллақачо́н	[allaqachon] adv once, formerly
аломат	[alomat] n sign, symbol
алоқа́	[aloqa] n connection, relation
алоқа́ бўлими́	[aloqa bölimi] n post-office
алоҳида́	[alohida] adj separate, adv separately
амаки́	[amaki] n uncle (mother's brother)
ама́л	[amal'] n affair, business
аме́рикалик	[amerikalik'] n american person
амирли́к	[amirlik] n emirate
амма́	[amma] n aunt (father's sister)
аммо́	[ammo] conj but
амр	[amr] n order, command
амр қилмо́қ	[amr qilmoq] v to order
Амударё́	[amudaryo] n Amu Darya river
ана́	[ana] adv there
анали́з	[analiz] n analysis

17

қон анализи	[qon analizi]	blood test
англамóқ	[anglamoq]	v understand
Андижóн	[andidjon]	n Andizhan city
анжуман	[andjuman]	n n meeting
аниқ	[aniq]	adj exact,precise
аниқламóқ	[aniqlamoq]	v specify
анкéта	[anketa]	n application, form
анóр	[anor]	n pomegranate
антиқá	[antiqa]	adj rare
анчá	[ancha]	much, many
анъанá	[an"ana]	n tradition
анқаймóқ	[anqaymoq]	v look back, gape, miss
анхóр	[ankhor]	n irrigation canal
апельсин	[apel'sin]	n orange
апрéль	[aprel']	n April
аптéка	[apteka]	n farmacy
арáб	[arab]	n arabian
аравá	[arava]	n araba, cart, waggon
аравакаш	[aravakyash]	n carter, drayman
аразламóқ	[arazlamoq]	v take offens
аранг	[arang]	adv hardly
арафá	[arafa]	n eve
арақ	[araq]	n vodka
арбóб	[arbob]	n statesman
арз	[arz]	n application
арз қилмóқ	[arz qilmoq]	v declare
арзóн	[arzon]	adj cheap

ари	[ari]	n wasp
асал ари	[asal' ari]	n bee
ариза	[ariza]	n application
ариқ	[ariq]	n aryk, irrigation ditch
арман	[arman]	n armenian
Арманистон	[armaniston]	n Armenia
армия	[armiya]	n army
арра	[arra]	n saw
арслон	[arslon]	n lion
артинмоқ	[artinmoq]	v wipe
архив	[arhiv]	n archievs
арча	[archa]	n firtree, spruce
арқон	[arqon]	n lasso
арғамчи	[arghamchi]	n rope, cord, string
асаб	[asab]	n nerve
асал	[asal']	n honey
асбоб	[asbob]	n instrument
асил	[asyl]	adj real, genuine, true
асир	[asir]	n prisoner
аскар	[askyar]	n fightingman, soldier
аския	[askiya]	n sharpness, joke
аслаҳа	[aslakha]	n weapon
асло	[aslo]	adv quite
асос	[asos]	n base, basis
асосий	[asosiy]	adj fundamental
асосламоқ	[asoslamoq]	v found, establish
аср	[asr]	n century, age

асрамоқ	[asramoq] v keep
ассалом	[assalom] how do you do, hello
аста	[asta] adv quietly, softly
астойдил	[astoydil] adj sincere
аталамоқ	[atalamoq] v stir
атир	[atyr] n parfume
атир гул	[atyr gyul'] rose
атлас	[atlas] n atlas
атлас	[atlas] n silk material
атроф	[atrof] pl environ
афв	[afv] n forgivness
африкалик	[afrikalik'] n african
афсона	[afsona] n legend
афгон	[afghon] n afghan
ахборот	[ahborot] n news, information
ахир	[ahir] adv at last, finally
ахлат	[ahlat] n weepings, rubbish
ахлоқ	[ahloq] n morals
ахтармоқ	[ahtarmoq] v look for
аччиқ	[achchiq] adj bitter
ашула	[ashula] n song
Ашхобод	[ashhabod] n Ashkhabad city
ашула айтмоқ	[ashula aytmoq] v sing a song
аъло	[a"lo] adj excellent, perfect
аэропорт	[aeroport] n airport
ая	[aya] n mother, mammy, mom
ақл	[aql] n mind, intelligence

аҳлли [aqlli] adj clever
агдармоқ [aghdarmoq] v turn over
аҳамият [akhamiyat] n meaning, significance
аҳвол [akhvol] n position
аҳд [akhd] n agreement
аҳднома [akhdnoma] n contract
аҳмоқ [akhmoq] n fool, idiot
аҳоли [akholy] n population

Б

бадавлат [badavlyat] adj rich, wealty
бадан [badan] n body
бадий [badiy] adj artistic
баён [bayon] n account, summary
баёнот [bayonot] n declaration, statement
бажармоқ [badjarmoq] v carry out
база [baza] n base
баззоз [bazzoz] n merchant of manufacture
базм [bazm] n feast
байрам [bayram] n holiday
байроқ [bayroq] n flag
баланд [baland] adj tall, high
баландлик [balandlik'] n height
баланд овоз [baland avoz] loud voice
балиқ [baliq] n fish

балиқчи	[baliqci]	n fisher
балки	[bal'ki]	adv perhaps, may be
бало	[balo]	n misfortune
балоғат	[baloghat]	n majority, full age
балчиқ	[balchiq]	n bog, swamp, marsh
бамаъни	[bama"ni]	adj reasonable
бамисоли	[bamisoli]	as if, as thought
банги	[bangi]	n addict, drug fiend
банд	[band]	adj occupy, n handle
банда	[banda]	slave of God
бандероль	[banderol']	n postal-wrapper
бандит	[bandit]	n bandit, gangster
бандлик	[bandlik']	being buzy, employment
банк	[bank]	n bank
банка	[banka]	n jar, can
банкир	[bankir]	n banker
банкрот	[bankrot]	bankrupt
барабан	[baraban]	n drum
баравар	[baravar]	adj equal, identical
барака	[barak'a]	n abundance
баракалла	[barak'alla]	bravo
барвақт	[barvaqt]	adv in advance, early
барг	[barg']	n leaf
баргламоқ	[barg'lamoq]	v blossom out
бардам	[bardam]	adj cheerful
бардаммисиз	[bardammisiz]	How do you feel?
бардош	[bardosh]	n patience

бардошли	[bardoshli] adj patient	
бари	[bari] all, the whole of	
барибир	[baribir] adv with indifference	
бармоқ	[barmoq] n finger	
барно	[barno] adj pretty, comely	
барок	[baroq] adj shaggy	
бархаёт	[barkhayot] adj living	
бас	[bas] adv enough	
бассейн	[basseyn] n pool	
баст	[bast] n figure, stature	
бастакор	[bastakyor] n composer	
батамом	[batamom] quite, fully whole	
батарея	[batareya] n batterey	
баттар	[battar] adv worse, from bad to worse	
бапуржа	[bapurdja] adv unhurried	
бахил	[bahil] adj greedy, stingy	
бахт	[baht] n n happiness, fortune	
бахтиёр	[bahtiyor] adj happy, fortunate	
бахш этмоқ	[bahsh etmoq] v give presents	
бахши	[bahshi] n narrator (of folk tales)	
бачкана	[bachk'ana] not serious	
башара	[bashara] n face, physiognomy	
башарият	[bashariyat] n humanity, mankind	
баъзан	[ba"zan] adv sometimes	
баъзи	[ba"zi] pron some	
бақа	[baqa] n frog	

23

бақирмо́қ	[baqirmoq]	v scream, yell, shout
бақлажо́н	[baqladjon]	n egg-plant
бақувва́т	[baquvvat]	adj strong, powerful
баги́р	[baghir]	n liver, soul
багишламо́қ	[baghishlamoq]	v devote
бахайба́т	[bakhaybat]	adj huge, colossal
бахо́	[bakho]	n price, cost
баходи́р	[bakhodir]	n hero, athlete
бахона́	[bakhona]	n occusion, cause, reason
бахо́р	[bakhor]	n spring
бахс	[bakhs]	n dispute, contest
бахслашмо́қ	[bakhslashmoq]	v contest, dispute
бахузу́р	[bakhuzur]	adv quietly
бебо́ш	[bebosh]	adj unbridled
бева́	[beva]	n widow
бего́на	[beg'ona]	adj alien, strange
бегумо́н	[beg'umon]	adv surely, sure
беда́	[beda]	n clover
бедана́	[bedana]	n quail
бедара́к	[bedarak']	without leaving a trace
беза́к	[bezak']	n decoration, ornament
безамо́қ	[bezamoq]	v decorate, dress
безара́р	[bezarar]	adj harmless, innocent
безбе́т	[bezbet]	n insolent, immodest
безбетли́к	[bezbetlik']	n insolence
безга́к	[bezg'ak']	n fever
безовта́	[bezouta]	adj uneasy, restive

24

бекат   [bekyat] the place of last halt
бекилмо́қ   [bekil'moq] v close,shut off
бекитмо́қ   [bekitmoq] v hite,hid, hidden
Бекобо́д   [bek'obod] n Begavat city
беко́р   [bekyor] adj unemployed
бекорга́   [bekyorga] adv in vain,gratis
бекорчи́   [bekyorchi] good for nothing, idler
бел   [bel'] small of back
белбо́г   [bel'bogh] n belt, girdle
беланча́к   [belyanchak'] n cradle
белги́   [bel'gi] n sign,mark, symbol
белгиламо́қ   [bel'gilamoq] v tick,mark
белкура́к   [bel'kyurak'] n shovel, spade
белору́с   [belorus] n Belorussian
бемаврид   [bemavrid] adj inept, undue
бемаза́   [bemaza] adj mawkish, tame
бемало́л   [bemalol] adv quietly
бемаҳа́л   [bemahal] adv unopportune, illtimed
бемо́р   [bemor] n ill, sick
бепоён   [bepoyon] adj without end, boundless
бепу́л   [bepul'] free of charge
берк   [berk'] adj closed
бермо́қ   [bermoq] v give, gave, given
имтихо́н бермо́қ[imtikhon bermoq] v pass
examination
бет   [bet] n face, cheek, page
бето́б бӯлмо́қ [betob bolmoq] v fall ill, get ill

25

бетсиз	[betsiz] adj bare faced, impudent
бехосдан	[behostan] adv suddenly
бечора	[bechora] adj poor, unhappy
беш	[besh] num five
бешинчи	[beshinchi] num fifth
бешик	[beshik'] n wooden cradle
беқасам	[beqasam] handmade cotton cloth
беғараз	[begharaz] adj unselfish, disinterested
беҳи	[bekhi] n quince
бигиз	[bigiz] n awl, bodkin
биз	[biz] pron we
билакузук	[bilak'uzuk'] n bracelet
билак	[bil'ak'] n arm
билан	[bilyan] postp with
биларман	[bilarman] adj aware
билдирмоқ	[bildirmoq] v inform, announce
билет	[bilet] n ticket
билим	[bilim] n knowledge, science
билмоқ	[bilmoq] v know, knew, known
билқилламоқ	[bilqillamoq] v gurdle
бинафша	[binafsha] n violet
бино	[bino] n building, structure
бинокор	[binokyor] n builder, constractor
бинт	[bint] n bandage
бир	[bir] num one, once
биратўла	[biratöla] adv outright, whole

26

бирга [birga] adv together, with
бирдан [birdan] adv plump, suddenly
биржа [birzha] n exchange
биринчи [birinchi] num first
биринчилик [birinchilik] n championship
бирлашган [birlashgan] adj cooperative
Бирлашган Миллатлар [birlashgan millyatlar
Ташкилоти (БМТ) tashkiloti] UN, United
Nations
бирлашмоқ [birlashmoq] v unite
бирлик [birlik] n solidarity, unity
бирнима [birnima] pron something
биров [birou] pron somebody, someone
биродар [birodar] n brother, fellow, friend
бироқ [biroq] but, however
бисмиллох [bismillo] in the name of Allakh
бисот [bisot] n utensil, things
бит [bit] n louse
битирмоқ [bitirmoq] v finish, end
мактабни битирмоқ [maktabni bitirmoq] v graduate
school
битмоқ [bitmoq] v finish
битта [bitta] num one
Бишкек [bishkek'] n Bishkek city
боб [bob] n chapter
бобо [bobo] n grandfather
Қор Бобо [qor bobo] n Santa Claus

27

бодом	[bodom]	n almond
бодринг	[bodring]	n cucumber
бодроқ	[bodroq]	n popcorn
бозор	[bozor]	n market, bazaar
бой	[boy]	n richman
бой бермоқ	[boy bermoq]	v gamble away
бойлик	[boylik']	n wealth
бойчечак	[boychechak']	n snowdrop
Боку	[boku]	Baku (city)
бол	[bol]	n honey
бола	[bola]	n child
ўғил бола	[oghil bola]	n boy
қиз бола	[qiz bola]	n girl
болалик	[bolalik']	n childhood
болиш	[bolish]	n pillow
болта	[bolta]	n axe
болға	[bolgha]	n hummer
бомдод	[bomdod]	first prayer of muslims
боп	[bop]	adj eligible, consistent
бормоқ	[bormoq]	v go, move
бориш-келиш	[borish kelish]	n interration
борлик	[borlik]	n presens, existence
босилмоқ	[bosilmoq]	v press, be in press
босим	[bosim]	n pressure, rush, thrust
қон босими	[qon bosimi]	n blood pressure
босма	[bosma]	n paper weight
босмахона	[bosmahona]	n printing-house

28

босмачи	[bosmachi] n bosmachi, bandit
босмоқ	[bosmoq] v crush, press, squeeze
босқин	[bosqin] n hold up, raid, onset
ботинка	[botink'a] n shoe
ботир	[botir] adj galant, brave
ботирлик	[botirlik] n bravery, courage
ботмоқ	[botmoq] v drown,
ботқоқ	[botqoq] n bog, mire
бош	[bosh] n head, top, adv beginning,

main, chief

бош министр	[bosh ministr] n prime minister
бошига	[boshiga] for each, per each
бошламоқ	[boshlamoq] v start,begin,

began,begun

бошлик	[boshlik'] n chief, head
бошпана	[boshpana] n shelter, roof
бошқа	[boshqa] adj other, different
бошқарма	[boshqarma] n managment, direction
бошқача	[boshqacha] adj another, special
бошқирд	[boshqirt] Bashkir
Бошқирдстон	[boshqirdston] n Bashkirstan
боя	[boya] earlier, before
бояги	[boyagi] adj latter, recent
боқмоқ	[boqmoq] v v look, look on
боғ	[bogh] n n garden, ground
боғ	[bogh] n bundle, taggot
боғбон	[boghbon] n gardener

боғич	[boghich] n kink, loop
боғламоқ	[boghlamoq] v bind, bound, bound
боғланиш	[boghlanish] n communication
бу	[bu] pron this, it, that
бува	[buva] n grandfather
бувак	[buvak'] n infant
буви	[buvi] n grandmother
бугун	[bugyun] adv today
бугунги	[bugyungi] today's
буерга	[buyerga] adv hither, here
буерда	[buyerda] adv here, therein
буердан	[buyerdan] adv from here
бужур	[bugjur] adj rock-marked, ragged
бузилиш	[buzilish] n disorder
бузилмас	[buzilmas] adj imperishable,
бузилмоқ	[buzilmoq] v crack,conk, cramble
бузмоқ	[buzmoq] v fracture, suffer, destroy
бузуқ	[buzuq] adj corrupt, pulrid
буйрак	[buyrak'] n kidney
буйруқ	[buyruq] n command, order
букмоқ	[buk'moq] v bend, bent, bent
булбул	[bul'bul] n nightingale
булоқ	[buloq] n spring
бултур	[bultur] last year
булут	[bulut] n cloud
булғамоқ	[bulghamoq] v soil, dirt
булғор	[bulghor] n Bulgarian

30

бунга́	[bunga] him, it
бунда́й	[bunday] adv such, thus
бурамо́қ	[buramoq] v spin, spun, spun
бурда́	[burda] n chunk, piece
бурдаламо́қ	[burdalamoq] v break, pull down
бурили́ш	[burilish] n turn, curve
буришга́н	[burishgan] adj wizen
буришма́	[burishma] n wrinkle, crease
бурқамо́қ	[burkamoq] v swathe, wrap
бурмо́қ	[burmoq] v wind, wound, wound
буру́н (бурни)	[burun] n nose, cape, adj nasal
буру́н	[burun] adv before
бурч	[burch] n debt, duty
бурчак	[burchak] n corner, adj angular
буря́т	[buryat] Buriat
буту́н	[butun] whole, entire
бутунла́й	[butunlay] adv in full, completly
Бухоро́	[bukhoro] Bukhara (city)
бую́к	[buyuk'] adj great
бююкли́к	[buyuk'lik'] n greatness
Бую́к Брита́ния	[buyuk' britaniya] Great Britain
буғ	[bugh] n steam, vapor
буғдо́й	[bughdoy] n wheat, corn
буҳто́н	[bokhton] ndefamation, slander
бўёқ	[böyoq] n paint, colour
бўёқламо́қ	[böyoqlamoq] v paint, stain
бўй	[böy] growth, length

31

бўйдоқ	[boydoq] n bachelor
бўйин	[böyin] n neck
бўйинбоғ	[böyinboqh] n neck-tie, tie
бўйра	[boyra] n mat
бўкмоқ	[bök'moq] v swell, swelled, swollen
бўлак	[böl'ak'] n portion, pack
бўлакча	[böl'akcha] otherwise
бўлим	[bölim] n department, section
бўлмоқ	[bolmoq] v be, was, (were), been
бўлмоқ	[böl'moq] v devide
бўпти	[bopt] I am agree
бўр	[bör] n chalk
бўри	[böri] n wolf
бўрон	[böron] n blizzard
бўса	[bösa] n kiss
бўхча	[böghcha] parcell, roll
бўш	[bösh] adj empty
бўш	[bösh] adj weak, faint
бўшатмоқ	[böshatmoq] v discharge
бўшашмоқ	[boshashmoq] v weaken
бўшлик	[böshlik'] n emptiness
бўғиз	[böghiz] n troath
бўғмоқ	[böghmoq] v smother, stifle
бўғиқ	[böghiq] adj hoarse, husky

В

ва	[va] conj and

32

вабо	[vabo] n cholera, infection
вагон	[vagon] n (railroad) carriage
важ	[vadj] n cause, occasion, reason
важсиз	[vadjsiz] adj groundless
вазир	[vazir] n minister
вазифа	[vazifa] n assignment, debt,post
вазият	[vaziyat] n position, situation
вазмин	[vazmin] adj difficult, hard, self-

restrained

вазн	[vazn] n weight, meter
вай-во	[vay-vo] interj oh
вайрон	[vayron] adj destructioned
вайронлик	[vayronlik] n ruin, breakdown
вайсамоқ	[vaysamoq] v grous, grumble
вайсақи	[vaysaqi] n grumbler
вакил	[vakil'] n representative
вакиллик	[vakillik'] n representation,

mission

ваколат	[vak'olat] n authority, power, proxy
ваколатхона	[vak'olatxona] n representation
савдо ваколатхонаси	[savdo vak'olatxonasi] trade

agency

вакцина	[vaktsina] n vaccine
валюта	[valyuta] n value, stock, worth
вангилламоқ	[vangillamoq] v screech, scream
ваннахона	[vannaxona] n bathroom
варақ	[varaq] n leaf, sheet

варақа [varaqa] n fly-sheet, leaflet
варақламоқ [varaqlamoq] v turn over (pages)
варрак [varrak'] n kite
васият [vasiyat] n testament
васий [vasiy] n guardian, tutor, trustee
васиқа [vasiqa] n purchase, deed
васиқали [vasiqali] adj patented
вассалом [vassalom] and rather
ватан [vatan] n homeland, motherland
ватандош [vatandosh] n compatriot, countryman
ватанпарвар [vatanparvar] n patriot, patriotic
ватанфуруш [vatanfurush] n traitor
вафо [vafo] n allegiance, fidelity
вафодор [vafodor] adj faithful, loyal
вафодорлик [vafodorlik'] n loyality
вафосиз [vafosiz] adj faithless
вафот [vafot] n desease, demise
ваъда [va"da] n promise, faith
ваъдалашмоқ [va"dalashmoq] v come to agreement
ваъз [va"z] n edification
вақирламоқ [vaqirlamoq] v croak
вақт [vaqt] n time, season, period
вақтинча [vaqtinca] adv temporarily
вақт вақти билан [vaqt vaqti blan] from time to
time
вақтида [vaqtida] in time
вагирламоқ [vaghirlamoq] v brawl, din

34

ва**ҳима**	[vakhima] n panic, scare
ва**ҳимали**	[vakhimali] adj frightful, ghastly
ва**ҳимачи**	[vakhimachi] n scaremonger
ваҳоланки	[vakholanki] just as, while
ваҳшат	[vakhshat] n savagery, wildness
ваҳший	[vakhshiy] adj wild, savage
ведомость	[vedomost'] n list, register, sheet
вексель	[veksel'] n bill
велосипед	[velosiped] n bicycle, bike
вергул	[vergul'] n comma
вертикал	[vertikal'] adj vertical
взвод	[vzvod] n platoon
взнос	[vznos] n payment, fee
виговор	[vigovor] n n rating, reprimand
видолашмоқ	[vidolashmoq] v say good-bye, take leave (of)
виждон	[vidjdon] n consience, breast
виждонли	[vidjdonli] adj honest, honourable
вижирламоқ	[vidjirlamoq] v chirp, chirrup
виззилламоқ	[vizzillamoq] v whistle
виключатель	[viklyuchatel'] n switch
вилка	[vilk'a] n fork
вилоят	[viloyat] n province
вино	[vino] n wine, spirits
виставка	[vistafka] n exhibition, fair
витрина	[vitrina] n show-window
вовилламоқ	[vovillamoq] v bark

водий	[vodiy]	n dale, valley
воз кечмоқ	[voz kechmoq]	v refuse, decline
вой	[voy]	conj oh
войдодламоқ	[voydodlamoq]	v cry, hollo, sing out
вокзал	[vokzal]	n station
восита	[vosita]	n implement
воситачи	[vositachi]	n middleman
воя	[voya]	n maturity, manhood
вояга етмоқ	[voyaga etmoq]	v mature age
воқеа	[voqea]	n event, fact, happening
воқейи	[voqeyi]	adj real, proper
воҳид	[vokhit]	adj only, single
вужуд	[vudjud]	n substance, soul
вужудга келмоқ	[vudjudga kelmoq]	v to come into existance

36

Г

гавда	[g'avda] n body, frame
гавдали	[g'avdali] adj husky, stalwart
гавжум	[g'avdjum] adj populous
гавхар	[g'avkhar] n pearl
гадо	[g'adoy] n mendicant, pauper
гадолик	[g'adolik] n penury, misery
газ	[gaz] n gas, gaseous
газак	[g'azak] n inflammation
газета	[gazeta] n newspaper
газетачи	[gazetachi] n newsman, journalist
газетхон	[gazethon] n reader of newspaper
газлама	[g'azlama] n cloth, fabric
гал	[g'al] n turn, line
гала	[g'ala] n bevy, flock
галстук	[g'alstuk] necktie
гангимоқ	[g'angimoq] v lose one's head
гап	[g'ap] n word, speech, discourse
гапирмоқ	[g'apirmoq] v speak, spoke, spoken
гараж	[garadj] n garage
гаранг	[g'arang] adj deaf
гарантия	[garantiya] warranty, guaranty
гардероб	[garderop] n wardrobe
гармдори	[g'armdori] n pepper
гектар	[gektar] n hectar(2,471 acres)
география	[geografiya] n geography

геолог	[geolog] n geologist
геология	[geologiya] n geology
гигиена	[gigiena] n hygiene
гидростанция	[gidrostantsiya] n hydro electric power station
гиёҳ	[giyokh] n herb, plant
гилам	[gil'am] n carpet, rug
гилос	[gil'os] n cherry
гимн	[gimn] n hymn, authem
гина	[gina] n offens, reproach
гирдоб	[girdop] n swirl, mael storm
гирифтор	[giriftor] adj possessed (by, of)
граждан	[grazhdan] n citizen
грамматик	[gramatik] adj grammatical
грек	[grek] n Greek
грузин	[gruzin] n Georgian
Грузия	[gruziya] n Georgia
группа	[gruppa] n group, set
гувоҳ	[g'uvokh] n witness
гувоҳлик	[g'uvokhlik'] n evidence
гувоҳнома	[g'uvokhnoma] n diploma
гугурт	[g'ug'urt] matches
гул	[g'ul'] n flower, blossom
гулдаста	[g'ul'dasta] n bouquet
гулзор	[g'ul'zor] n parterre, flower garden
гулистон	[g'uliston] blossoming land
гулламоқ	[g'ullamoq] v blow, blew, blown,

bloom

гулоб   [g'ul'ob] rose water

гулфуруш   [g'ulfurush] n florist

гулхан   [g'ul'han] n smudge, campfire

гумбаз   [g'umbaz] n cupola, dome

гумбурламоқ [g'umburlamoq] v rattle, roar

гумдон бўлмоқ[g'umdon bolmoq] v disappear,

vanish

гумон   [g'umon] n suspicion

гуноҳ   [g'unokh] n sin

гуоҳкор   [g'unokhkor] n culprit

гуржи   [g'urdji] n Georgian

гўдак   [g'ödak'] n infant

гўзал   [g'özal] adj beautiful, handsome,

pretty

гўзаллик   [g'özallik] n beauty

гўнг   [g'öng] n manure

гўр   [g'ör] n tomb, grave

гўристон   [g'öriston] n cemetery, graveyard

гўшт   [g'ösh] n meat, flesh

Д

да   [da] conj and, even, but, however

давлат   [davl'at] n state, country, opulence

давлат арбоби [davl'at arbobi] n statesman

даво   [davo] n medicament, medicine

давом [davom] n continuation, sequel

давом қилмоқ [davom qilmoq] v continue, go on, go ahead

давомида [davomida] during

давомли [davomli] adj long, continuous

давр [davr] n epoch, age, period

давра [davra] n circle, cycle

дада [dada] n father, daddy

дадил [dadil] adj brave, courageous

дадиллик [dadillik] n courage, bravery

дазмол [dazmol] n iron

дала [dal'a] nfield

далалик [dalalik'] n plowing

далда [dalda] n encourgment

далил [dalil] n argument, reason

даллол [dallol] n middle man, jobber

далолат [dalolat] n demonstration, proof

дам [dam] n sign, breath

дам олмоқ [dam olmoq] v rest

дамламоқ [damlamoq] v brew, infuse

данак [danak] n pip, stone

дангаса [dang'asa] n lazy-bones, slacker

дара [dara] gorge, defile

дарахт [daraht] n n tree, arbor

дарвеш [darvesh] Dervish, humble

дарвоза [darvoza] n gate, gateway

дарвозабон	[darvozabon]	n n doorkeeper, goalkeeper
даргоҳ	[dargokh]	n palace
дард	[dard]	n affection, illness
дарё	[daryo]	n river
дармон	[darmon]	n efficacy, power
даромад	[daromat]	n income, profit, gain
дарров	[darrou]	adv straightway
дарс	[dars]	n lesson,class, task
дарслик	[darslik']	textbook, schoolbook
дарҳақиқат	[darkhaqiqat]	adv truly, indeed, in fact
даст	[dast]	n arm, hand, fin
даста	[dasta]	n grip, handle, holder
даставвал	[dastavval]	adv first, first of all
дастак	[dastak]	n arm, lever
дастлабки	[dastlabki]	adj primary, initial
дастрӯмол	[dastromol]	n handkerchief
дастурхон	[dasturhon]	n tablecloth, table with refreshments
дафтар	[daftar]	n n copy-book
дафтарча	[daftarcha]	n note-book
дафъатан	[daf"atan]	adv suddenly
дахл	[dakhl]	n attitude, relation
дашном	[dashnom]	n vituperation, wigging
дашт	[dasht]	n prairie, heath
даъват	[da"vat]	n invitation, call, appeal

даъво	[da"vo] n action, claim, pretension
даъвогар	[da"vogar] n prosecutor, suitor
даъволашмоқ	[da"volashmoq] v litigate
лақиқа	[daqiqa] n instant, minute
дагал	[daghal] adj coarse, rough, shaggy
дахлиз	[dakhliz] n anteroom, hall
дахо	[dakho] n genius
дахшат	[dakhshat] n fear, horror
дахшатли	[dakhshatli] adj terrible
девон	[devon] n divan (state council)
девона	[devona] n mendicant, pauper
девор	[devor] n wall
декабрь	[dekabr'] n Desember
декада	[dekada] n decade
декан	[dekan] n dean
демократия	[demokratiya] n democracy
демоқ	[demoq] v say, said, said
денгиз	[dengiz] n sea
денгизчи	[dengizchi] n sailor, seaman
дераза	[deraza] n window
деҳқон	[dekhqon] n farmer, peasant,
countryman	
дид	[did] n flavour, smack
диёнат	[diyonat] n conscience, honor
диёр	[diyor] n edging, country
дийдор	[diydor] n negatiator, physiognomy
дил	[dil] n heart, bosom

дилдор	[dildor] n love, sweetheart
дилшод	[dilshod] adj glad, joyful
димлик	[dimlik'] n swelter
димоқ	[dimoq] n nose, smeller
дин	[din] n religion, faith
диндор	[dindor] n devotee
диққат	[diqqat] n attention, heed
довон	[dovon] n passing, mountain pass
довруқ	[dovruq] n fame, glory, repute
довул	[dovul] n storm, tempest
довюрак	[dovyurak'] adj undaunted
дод	[dod] help!
додламоқ	[dodlamoq] callto help
доим	[doim] adv always,constantly
доимий	[doimiy] adj costant, permanent
доир	[doir] concerning (poatp. with dat.)
доира	[doira] n tambourine
дока	[dok'a] n gause
доклад	[doklat] n report, lecture
доктор	[doktor] doctor, physician
докторлик	[doktorlik'] n doctorate, doctor's
degree	
домла	[doml'a] n teacher, master
дон	[don] n corn, grain
дона	[dona] n piece
донгдор	[dongdor] adj famed, renowed, known,
prominent	

43

доно́	[dono] n sapient, wise
дорвоз	[dorvoz] n equilibrist, fumambulist
дори́	[dori] n medicament, drug
дориво́р	[dorivor] n medicine, spice
дорихона́	[dorihona] n farmacy, drugstore
достон	[doston] n epic poem
доғ	[dogh] n spat, patch
Доғистон	[doghiston] n Daghestan
доҳий	[dokhiy] n leader, chief
дудуқ	[duduq] n stutterer
дум	[dum] n tail, stern
думалоқ	[dumaloq] adj circular, round
дунё	[dun"yo] n world
дуо	[duo] n prayer, grace
дурадгор	[duradgyor] n carpenter
дуранг	[durang] n draw
дурбин	[durbin] n binocular
дуруст	[durus] n adj eligible
дутор	[dutor] n dutar (musical instrument)
духоба́	[dukhoba] n velvet
душанба	[dushanba] n Monday
душман	[dushman] n enemy, foe
дӯзах	[dozakh] n hades,hell
дӯкон	[dök'on] n shop, stall, store
дӯкондор	[dök'ondor] n chandler, shop keeper
дӯл	[döl] n hail
дӯмбира́	[dombira] n dombra (musical

instrument)

дӯппасламоқ	[doppaslamoq]	v beat up
дӯппи	[doppi]	national head-dress
дӯст	[dost]	n friend
дӯстлик	[dostlik]	n friendship
дӯстона	[dostona]	adv friendly

E

егулик	[yegulik']	n eatables, edibles
едирмоқ	[yedirmoq]	v feed
ел	[yel]	n wind
елим	[yelim]	n glue, gum, size
елимламоқ	[yelimlamoq]	v glue
елка	[yel'k'a]	shoulder
елкан	[yelkan]	n sail, sailer
елпимоқ	[yelpimoq]	v fan
елпигич	[yelpigich]	n fan
ем	[yem]	n fodder
емак	[yemak']	n food, edible
емиш	[yemish]	n meal, feed
емоқ	[yemoq]	v eat
енг	[yen'g']	n arm, sleeve
енгил	[yengil]	adj easy, fasile, light
енгилламоқ	[yengillamoq]	v lighten, fasilitate
енгил атлетика	[yengil atletik'a]	n track and field

athletics

енгмоқ	[yengmoq] v win, won, won, vanquish
ер	[yer] n ground, land, earth
еРости	[yerosti] adj subterranean
ертўла	[yertola] n n sellar, vault
етакламоқ	[yetaklamoq] v lead
етакчи	[yetakchi] n chief, foremost
етарли	[yetarli] adj sufficient, enough
етим	[yetim] n orphan
етишмоқ	[yetishmoq] v grow, reach, suffice
етказмоқ	[yetk'azmoq] v bring, deliver, give
етмиш	[yetmish] num seventy
етмоқ	[yetmoq] v suffice
етти	[yetti] num seven
еттинчи	[yettinchi] num seventh
етук	[yetuk'] adj mature, ripe
ечим	[yechim] n upshot
ечмоқ	[yechmoq] v unleash. undowe

Ё

ё	[yo] int hey
ё	[yo] conj or, either...or
ёв	[yov] n enemy
ёввойи	[yovvoyi] adj wild, savage
ёвуз	[yovuz] adj evil, malignant
ёд	[yod] n memory
ёдгор	[yodg'or] n monument

46

ёдламоқ	[yodlamoq] v memo
ёз	[yoz] n summer, summer time
ёзилмоқ	[yozilmoq] v write
ёзмоқ	[yozmoq] v write, wrote, written
ёзув	[yozuu:] n writing, inscribtion
ёзувчи	[yozuvchi] n writer, author
ёки	[yoki] conj or, else
ёлқин	[yolqin] n flame, flare
ёлғиз	[yolghiz] adj friendless, lone
ёлғон	[yolghon] n falsehood, fib
ёлғончи	[yolghonchi] n liar
ёмон	[yomon] adj bad
ёмонламоқ	[yomonlamoq] v calumniate
ёмонлик	[yomonlik'] n evil, damage
ёмғир	[yomghir] n rain, pluvial
ён	[yon] n flank, side
ёнбош	[yonbosh] n lateral side
ёнбошламоқ	[yonboshlamoq] have a lie down
ёндирмоқ	[yondirmoq] v burn, burnt, burnt
ёнмоқ	[yonmoq] v flame
ёнгин	[yonghin] n fire
ёнгоқ	[yonghoq] n wulnut, nut
ёпишмоқ	[yopishmoq] v cling, clung, clung
ёпишқоқ	[yopishqoq] adj sticky, importunate
ёпмоқ	[yopmoq] v close, shut off
ёр	[yor] n beloved, dear
ёрдам	[yordam[n help

ёрдамчи	[yordamchi] n assistant
ёрлиқ	[yorliq] n deed, label
ёрмоқ	[yormoq] v chop
ёруғ	[yorugh] n light, illumination
ёруғлик	[yorughlik'] n richness
ёрқин	[yorqin] adj light, bright
ёстиқ	[yostiq] n pillow
ёт	[yot] n adj extraneous
ётиқ	[yotiq] adj horizontal
ётмоқ	[yotmoq] v lie, lay, lain
ётоқхона	[yotoqhona] n bedroom, hostel
ёш	[yosh] n year (of age), youth
ёш	[yosh] n tear
ёшламоқ	[yoshlamoq] v weep,wept,wept
ёшлик	[yoshlik'] n youth
ёқа	[yoqa] n collar, shore
ёқламоқ	[yoqlamoq] v defend, shield
ёқмоқ	[yoqmoq] v set fire, fansy, like
ёғ	[yogh] n fat, butter
ёғду	[yoghdu] n ray, shaft
ёғин	[yoghin] n rainfall
ёғоч	[yoghoch] n wood,adj wooden
ёғсимон	[yoghsimon] adj oilys

Ж

жабр	[djabr] n oppression
жавоб	[djavob] n answer, reply

жавобан   [djavoban] in reply, in answer
жавобгар   [djavobg'ar] adj responsible, n
defendant
жавобгарчилик[djavobg'archilik'] n responsibility
жавон   [djavon] n cupboard, wardrobe
жадал   [djadal] adj quick, rapid
жадаллик   [djadallik] n quikness, rapidity
жадвал   [djadval] n schedule
жазб етмоқ   [djazb etmoq] draw, attract
жазилламоқ   [djazillamoq] v crack, hiss
жазира   [djazira] n heat
жазман   [djazman] n lover, mistress
жазо   [djazo] n punishment
жазоламоқ   [djazolamoq] v v punish
жайран   [djayran] n deer
Жайхун   [djayhun] n former name of Amu Darya
жалб етмоқ   [djalb etmoq] v attract
жаллоб   [djallob] n dealer, middleman
жаллод   [djallod] n n exucutioner, hangman
жам   [djam] n amount, sum
Жамбул   [djambul] n Djambul
жамики   [djamiki] n all, whole
жамият   [djamiyat] n society, company
жамламоқ   [djamlamoq] gather, collect
жамоатчилик   [djamoatchilik'] n community
жамол   [djamol] n beauty, charm
жанг   [djang'] n battle

жангчи	[djan'gchi] n soldier, fighter
жанжал	[djandjal] n scandal, row
жанжаллашмоқ	[djandjallashmoq] v row
жаннат	[djannat] n paradize
жаноб	[djanob] n gentleman, mister, excelency
жаноза	[djanoza] n prayer
жануб	[djanub] n South
жанубий	[djanubiy] adj Soutern
жануби-шарқ	[djanubi sharq] South East
жануби-гарб	[djanubi gharb] South West
жар	[djar] ravine
жараён	[djarayon] n flow, course
жарангламоқ	[djaran'glamoq] v v ring, jingle
жарангли	[djarangli] adj sonorous
жароҳат	[djarohat] n wound, injury
жаррох	[djarrokh] n surgeon
жаррохлик	[djarrokhlik'] n surgery
жасад	[djasad] n body, corpse
жасорат	[djasorat] n courage
жасур	[djasur] adj courageous
жафо	[djafo] n forment, suffering
жаг	[djagh] n jaw
жахд	[djakhd] n real, diligence
жахл	[djakhl] n spite, malice
жахлли	[djakhlli] adj angry
жахолат	[djakholat] n ignorance

жаҳон	[djakhon] n world, universe
жигар	[djig'ar] n liver, relation
жиддий	[djiddiy] adj sereous, earnest
жилд	[djild] n volume, cover
жилдирамоқ	[djildiramoq] v ripple, babble
жим	[djim] adv calmly, quietly
жимжилоқ	[djimdjiloq] n the little finger
жимжит	[djimdjit] n quiet, stillness
жингалак	[djing'alak'] adj curly, n curls
жиндак	[djindak'] some, few
жинни	[djinni] n n madman, adj mad
жиноят	[djinoyat] n crime
жиноятчи	[djinoyatchi] n criminal
жинс	[djins] n family, estste, sex
жинсий	[djinsiy] adj sexcy
жирингламоқ	[djiring'lamoq] v ring
жирканмоқ	[djirk'anmoq] v be sgueamish
жисм	[djism] n body
жисман	[djisman] adj physical
жияк	[djiyak'] n piping
жиққамушт	[djikhamusht] n scuffle
жиҳод	[djikhod] n djihad
жиҳоз	[djikhoz] n utensils
жиҳозламоқ	[djikhozlamoq] v equip
жоду	[djoudu] n witchcraft
жодугар	[djoudug'ar] n wizard, witch
жой	[djoy] n place, position

жойланмоқ	[djoylanmoq]	be placed
жойнамоз	[djoynamoz]	
жом	[djom]	n basin
жомакор	[djomak'or]	n working clothes
жомей	[djomeyi]	n mosque
жон	[djon]	n soul
жонажон	[djonadjon]	n beloved
жонли	[djonli]	adj alive, lively
жонон	[djonon]	n beauty
жонсиз	[djonsiz]	lifeless, dead
жосус	[djosus]	n spy
жоҳил	[djokhil]	n ignoramus
жувон	[djuvon]	n young woman
жуда	[djuda]	adv very
жудо	[djudo]	adj parting
жумла	[djuml'a]	n phrase, sentence
жумхурият	[djumkhuriyat]	n republic
жун	[djun]	n hair, wool
журъат	[djur"at]	n courage, boldness
жуфт	[djuft]	n pair, couple
жўжа	[djŏdja]	n chicken
жўмрак	[djŏmrak']	n tap, spout
жўнамоқ	[djŏnamoq]	v set off, leave (for)
жўра	[djŏra]	n friend
жўрттага	[djŏrtaga]	adv purposely
жўхори	[djŏkhori]	n maise, corn
жўшқин	[djŏshqin]	adj boiling, tereless

52

забардаст	[zabardast] adj mighty
забон	[zabon] n language
завод	[zavot] n factory, plant
завқ	[zavq] n pleasure, taste
завқланмоқ	[zavqlamoq] v enjoy, take pleasure
заиф	[zaif] adj weak, delicate
зайл (шу зайлда)	[shu zaylda] this way
зайтун	[zaytun] n olive
закалат	[zak'alat] n deposit, pawning
закон	[zakon] n law
зал	[zal] n hall, room
замбарак	[zambarak'] n gun
замбил	[zambil] n stretcher, hand-barron
замин	[zamin] n earth, land, ground
замон	[zamon] n time, epoch
замонавий	[zamonavij] adj contemporary, modern
замондош	[zamondosh] n contemporary
занг	[zang'] n rust, bell
зангламоқ	[zang'lamoq] v rust, call
зангори	[zang'ori] adj blue, sky-blue
занжи	[zandji] n Negro
занжир	[zandjir] n chain
занжирламоқ	[zandjirlamoq] v lock
зар	[zar] n gold
заранг	[zaran'g] n maple

зарар	[zarar] n damage, harm
зарар топмоқ	[zarar topmoq] v damage
зараркунанда	[zarark'unanda] n vermin
зарарли	[zararli] adj bad, unprofitable
Зарафшон	[zarafshon] n Zarafshan river
зарб	[zarb] n blow, hit
зargar	[zarg'ar] n jeweller
зарда	[zarda] n gall, bile
зарра	[zarra] n grain
заррача	[zarracha] not a bit
зарур	[zarur] adj necessary
зафар	[zafar] n victory, adj triumphal
зах	[zah] n dampness
захламоқ	[zahlamoq] v dampen
захар	[zahar] n poison
захарламоқ	[zaharlamoq] v poison
захмат	[zakhmat] labour, work
зерикмоқ	[zerik'moq] v be bored
зехн	[zekhn] n reason, mind
зиён	[ziyon] n damage, loss
зиёратчи	[ziyoratchi] n pilgrim
зиёфат	[ziyofat] n hospitality, banquet
зийнат	[ziynat] n adorning, decoration
зийрак	[ziyrak'] adj sensitive, sharp
зилзила	[zil'zila] n earthquake
зимма	[zimma] obligation, duty
зина	[zina] n stairs

зинапоя́	[zinapoya]	n step
зиндо́н	[zindon]	n dungeon
зира́	[zira]	n cumin
зира́к	[zirak']	n ear-ring
зирапча́	[zirapcha]	splinter
зироат	[ziroat]	n agriculture
зиркирамо́қ	[zirqiramoq]	v ache, hurt
зич	[zich]	adj dense
зиги́р	[zighir]	n flax
зову́р	[zovur]	n ditch, drain
зо́лим	[zolim]	n oppressor
зо́на	[zona]	n zone
зо́нтик	[zontik']	n umbrella
зора́	[zora]	perhaps, may be
зориқмоқ	[zoriqmoq]	be in need
зот	[zot]	n family, kind
зота́н	[zotan]	as a matter of fact
зотли́	[zotli]	adj pedigree, thoroughbred
зудлик билан	[zudlik' bil'an]	immediatly, at once
зулм	[zul'm]	n oppression, yoke
зу́лмат	[zul'mat]	darkness, glum
зумра́т	[zumrat]	n emerald
зухра́	[zukhra]	n Venus
зӯр	[zor]	n power, might, force
зӯрлик	[zorlik']	n violence

И

иборат	[iborat]	consisting of postp
ибрат	[ibrat] n edification	
игна	[igna] n needle, spine	
идеология	[ideologiya] n ideology	
идиш	[idish] n utensil, dishes	
идора	[idora] n administration, office	
ижара	[idjara] n lease	
ижобий	[idjobiy] adj positive	
ижод	[idjod] n creative work, creation	
ижодий	[idjodiy] adj creative	
ижозат	[idjozat] n permission	
ижро	[idjro] n fulfilment	
ижроия комитети	[idjroiya komiteti] exucative committee	
ижтимоий	[idjtimoyi] adj social, public	
из	[iz] n track, trace	
извош	[izvosh] n carriage	
иззат	[izzat] n respect, esteem	
изламоқ	[izlamoq] v look for, search	
изох	[izokh] n explanation	
изохламоқ	[izokhlamoq] v explain	
изтироб	[iztirob] n emotion	
изгирин	[izghirin] adj cold	
изхор	[izkhor] n display, expression	
икки	[ikki] num two	
иккинчи	[ikkinchi] num second	

иккиюз [ikkiyuz] num two hundred

икром [ik'rom] n honour

илашмок [ilashmoq] v get caught, stick to

илгак [ilg'ak'] n hook

илгари [il'gyari] adv ahead, in front, before

илгаридан [il'gyaridan] adv beforehand

илдам [il'dam] adv fast, quick

илдиз [ildiz] n root, eradicate

илжаймок [il'djaymoq] v smile

илимок [ilimoq] v get grow, warm

илинж [ilindj] n hope, wish, desire

илик [iliq] adj warm,cordial

илк [il'k'] adj initial, first

иллат [illyat] n illness

илм [il'm] n science, knowledge

илмий [il'miy] adj scientific

илова [ilova] n addition

илоё (илохи) [iloyo] o, my God!

илож [ilodj] n degree, way, method

илон [il'on] n snake

илтимос [iltimos] request

илтифот [iltifot] n favor, kindness

илгор [ilghor] n foremost, advanced

илхом [ilkhom] n inspiration

илхомбахш [ilkhombahsh] adj inspired

имзо [imzo] n sign

имзоламоқ [imzolamoq] v sign
ИМКОНИЯТ [imk'oniyat] n possibility
ИМО [imo] n sign, desture
ИМОМ [imom] n imam (clergyman)
ИМОН [imon] n belief, creed
ИМОНСИЗ [imonsiz] n atheist
иморат [imorat] n building, construction
ИМПОРТ [import] n import
ИМТИХОН [imtikhon] n examination, exam
ИН [in] n nest
инвалид [invalit] n invalid, disabled person
ингичка [ingichk'a] adj thin, slim
ИНГЛИЗ [ingliz] n English, Englishman
индинга [inding'a] the day after tomorrow
инженер [indjener] n engineer
ИНЖИЛ [indjil] n gospel
ИНЖИҚ [indjiq] adj capricious
инобат [inobat] n trust, confidence
ИНОЯТ [inoyat] n help, assistsnce, aid
ИНСОН [inson] n man
ИНСОНИЯТ [insoniyat] n humanity, mankind
ИНСОФ [insof] n justice
ИНСТИТУТ [institut] n institute
инструктор [instruktor] n instructor
ИНТЕЛЛИГЕНТ [intelligent] n cultured
ИНТИЗОМ [intizom] n discipline,
ИНТИЗОР [intizor] n expectation

58

интилмоқ	[intilmoq] v aspire
инфекция	[infektsiya] n infection
инфляция	[inflyatsiya] n inflation
информация	[informatsiya] n information
инқироз	[inqiroz] n decline, depression
ип	[ip] n thred, string, cord
ипак	[ipak'] n silk
иримоқ	[irimoq] v rot, decay
ирмоқ	[irmoq] n tributary
ирода	[iroda] n will
иргимоқ	[irghimoq] v jump
иргитмоқ	[irghitmoq] v throw down
ис	[is] n smell, scent
исбот	[isbot] n proof, argument
исбот қилмоқ	[isbot qilmoq] v prove
исён	[isyon] n revolt
исёнкор	[isyonk'or] n rebel
исимоқ	[isimoq] v warm, heat
иситма	[isitma] n fever, temperature
искамоқ	[isk'amoq] v sniff round
ислом	[islom] n islam
ислоҳ	[islokh] n reform
исм	[ism] n name
испан	[ispan] n Spaniard, spanish
иссиқ	[issiq] adj warmth
Иссиққўл	[issiqk'öl'] n Issyk kyol
истак	[istak'] n wish, desire

истамоқ	[istamoq]	v wish, desire
истар-истамас	[istar istamas]	adv willy-nilly
истеъдод	[iste"dod]	n faculty, ability
истеъмол	[iste"mol]	use, usage
истиқбол	[istiqbol]	n future
истиқлол	[istiqlol]	n independence
истироҳат	[istirokhat]	n rest
истиқомат	[istiqomat]	v live, reside, stay
ит	[it]	n dog
итармоқ	[itarmoq]	v push
иттифоқ	[ittifoq]	n union, unification
ифлос	[iflos]	adj dirty, n dirt, mud
ифода	[ifoda]	n expression
ифодаламоқ	[ifodalamoq]	v expression
ифтихор	[iftikhor]	n pride
ифтор	[iftor]	evening fast breaking
ихтиёр	[ihtiyor]	n will, wish
ихчам	[ihcham]	adj miniature, tiny
ич	[ich]	n internal organs, inside
ичак	[ichak']	n intestine
ичбуруғ	[ichburuq]	n dysentery
ичимлик	[ichimlik']	n drinking, beverage
ички	[ichki]	adj inner
ичкарида	[ichk'arida]	adv in, inside
ичкилик	[ichkilik']	n hard drinking
ичмоқ	[ichmoq]	v drink
иш	[ish]	n work, toil

60

ишламоқ	[ishlamoq] v work	
ишлов	[ishlou] n cultivation	
ишонмоқ	[ishonmoq] v believe (in)	
ишонч	[ishonch] n confidence	
ишчи	[ishchi] n worker	
иштаҳа	[ishtakha] n appetite	
иштироқ	[ishtiroq] n participation	
иштон	[ishton] n trousers	
ишчан	[ishchan] adj business like, hard working	
ишқ	[ishq] n love	
ишқаламоқ	[ishqalamoq] v rab	
ишқивоз	[ishqivoz] n lover	
ишқилиб	[ishqilib] in short	
июль	[iyul'] n July	
июнь	[iyun'] n June	
ияк	[iyak'] n chin	
иқлим	[iqlim] n climate	
иқтисод	[iqtisod] n economics	
иқтисодий	[iqtisodiy] adj economic	
иғво	[ighvo] n provocation	
ихром	[ikhrom] n pyramid	

Й

йигирма	[yigirma] num twenty
йигирманчи	[yigirmanchi] num twentieth
йигит	[yigit] n young man, guy, fellow

йил	[yil] n year
йиллик	[yillik'] n anniversary
йилтироқ	[yiltiroq] adj shining
йирик	[yirik'] adj large, big
йиринг	[yiring] n pus, matter
йироқ	[yiroq] n distance
йироқлашмоқ	[yiroqlashmoq] v move away
йиртиқ	[yirtiq] adj tear
йиртмоқ	[yirtmoq] v tear
йиртқич	[yirtqich] n n beast
йиқилмоқ	[yiqilmoq] v fall
йиқитмоқ	[yiqitmoq] v throw down
йиги	[yighi] n weeping, crying
йигилиш	[yighilish] n meeting, gathering
йигим	[yighim] n collection
йигиштириш	[yighishtirish] harvesting
йигламоқ	[yighlamoq] v weep, cry
йиглоқ	[yighloq] n cry-baby
йигма	[yighma] adj folding
йўл	[yol] n road, way
йўлак	[yolak'] n passage, track
йўлбарс	[yolbars] n tiger
йўлбошчи	[yolboshchi] n leader
йўлдош	[yoldosh] n traveler, companion
йўлка	[yolk'a] n path, walk
йўналиш	[yonalish] n direction, trend
йўтал	[yotal'] n cough

62

йўталмоқ	[yotalmoq] v cough
йўқ	[yoq] no, non-existent, absent
йўқламоқ	[yoqlamoq] v visit, call on, come to see
йўқолмоқ	[yoqolmoq] v disappear, vanish
йўқотмоқ	[yoqotmoq] v lose, waste
йўғон	[yoghon] adj thick, fat
йўғонлик	[yoghonlik'] n thickness, corpulence

К

каби   [k'abi] conj as, like, such as

кабинет   [k'abinet] n cabinet, study

кабоб   [k'abob] n grill

кабобхона   [k'abobhona] n grill-room

кавак   [k'avak'] n hollow

кавламоқ   [k'avlamoq] v delve, excavate

кайф   [k'ayf] n mood, fit, enjoyment

кайфингиз қалай? [k'ayfingiz qalay] How are you feeling?

какку   [k'ak'ku] n cuckoo

каклик   [k'ak'lik'] n mountaine partridge

кал   [k'al] n bald patch, adj bald

каламуш   [k'alamush] n rat

календарь   [kalendar'] n calendar

калима   [k'alima] n word, phrase

калит   [k'alit] n key

калиш   [k'alish] n galoshes, rubbers

калла   [k'alla] n head, nut, pate

калта   [k'alta] adj short

калтак   [k'altak'] n stick, slaff

калтакламоқ [k'altak'lamoq] v beat, beat, beaten

кам   [k'am] adj deficient, scanty

камар   [k'amar] n belt, girdle

камдан-кам   [k'amdan k'am] rarely, seldoms

камайтирмоқ [k'amaytirmoq] v abate, decrease

камалак	[k'amal'ak'] n rainbow, bow
камбагал	[k'ambaghal] n poor, adj penurious
камбагаллик	[k'ambaghallik'] n poorness,poverty
камгап	[k'amg'ap] adj taciturn
камера	[kamera] n cell, ward, camera
камлик	[k'amlik'] n insufficiency
камол	[k'amol] n perfection
кампир	[k'ampir] n old woman
камтар	[k'amtar] adj modest
канал	[kanal] n canal, channel
каникул	[kanikul] n holiday
каноп	[k'anop] n hemp, string, cord
капалак	[k'apalak'] n butterfly
капгир	[k'apgir] n skimmer
капиталистик	[kapitalistik] adj capitalist
каптар	[k'aptar] n pigeon, dove
кар	[k'ar] adj deaf
карам	[k'aram] n cabbage
карбюратор	[karbyurator] n carburettor
карвон	[k'arvon] n caravan
карвонбоши	[k'arvonboshi] n head of caravan
карвонсарой	[k'arvonsaroy] n inn
карикатура	[karikatura] n caricature, cartoon
карим	[k'arim] adj generous, gracious
карнай	[k'arnay] n carnai, trumpet
карта	[kerta] n map
картошка	[kartoshka] n potato

касаба́	[k'asaba] n trade union
каса́л	[k'asal] n illness, desease adj sick
касалли́к	[k'asallik'] n desease
касалхона́	[k'asalhona] n hospital
касб	[k'asb] n profession
касо́д	[k'asod] n stagnation, depression
касо́фат	[k'asofat] n misfortune
каср	[k'asr] n fraction
ка́сса	[kassa] n booking office, cash desk
кассе́та	[kasseta] n cassette
ката́к	[k'atak'] n check, checkered
ката́лог	[katalog] n catalogue
катта́	[k'atta] adj big, large
катталик	[k'attalik'] n dimensions, size
кафан	[k'afan] caban shroud
ка́федра	[kafedra] n n faculty, department of university
кафт	[k'aft] n palm
квадра́т	[kvadrat] n square
кварти́ра	[kvartira] n flat, apartment
квита́нция	[kvitantsiya] n receipt
кейи́н	[keyin] adv afterwards, later
кейинги	[keyingi] adj last,
кекса́	[kek'sa] n elderly
кексали́к	[kek'salik'] n old age
келажак	[keladjak'] n future
кели́н	[kelin] n bride

келиш	[kelish] arrival, coming
келмоқ	[kel'moq] v arrival
хуш келибсиз	[khush k'elibsiz] welcome
кема	[kema] n ship
кенг	[keng'] adj wide, broad
кенгаш	[kengash] conference
кенглик	[kenglik'] n width, breadth
керак	[kyerak'] adj necessary
кескин	[kyeskin] adj sharp
кесмоқ	[kyesmoq] v cut, carve
кетмон	[kyetmon] n chopper
кетмоқ	[kyetmoq] v go away, leave, pass
кеч	[kyech] n evening, adv late
кеча	[kyecha] n night, yesterday
кечик	[kyechik] n ford
кечикиш	[kyechikish] n coming late, delay
кечки	[kyechki] adj evening
кечмиш	[kyechmish] n the past
кечкурун	[kyechkurun] in the evening
кийик	[kiyik'] n deer
кийим	[kiyim] n clothes
киймоқ	[kiymoq] v put on
килограмм	[kilogram] n kilogram
километр	[kilometr] n kilometer
ким	[kim] pron who
кимса	[kimsa] pron someone, person
кино	[kino] n cinema, movies

киностудия	[kinostudiya]	n film studio
кинотеатр	[kinoteatr]	n cinema
кинофестиваль	[kinofestival']	n film festival
кинофильм	[kinofil'm]	n film
кир	[kir]	n dirt, mud, washing
киргизмоқ	[kirgizmoq]	v introduce, show in
кирим	[kirim]	n income, profit
кириш	[kirish]	n admission, entrance, entry
кирмоқ	[kirmoq]	v enter, go in, come in
киртаймоқ	[kirtaymoq]	v sink, sank, sunk
кирхона	[kirhona]	n laundry
кисса	[kissa]	n pocket
киссавур	[kissavur]	n pickpocket
китоб	[kitob]	n book
китобхон	[kitobhon]	n reader
кичик	[kichik']	adj small, little n junior
кичкина	[kichkina]	adj chap, cove
кичкинтой	[kichkintoy]	n tot, kiddy
киши	[kishi]	n man, person, soul
кишмиш	[kishmish]	n raisin
классик	[klassik]	adj classical
клиника	[klinika]	n clinic
клуб	[klub]	n club
колбаса	[kolbasa]	n sausage
колхоз	[kolhoz]	n collective farm
колхозчи	[kolhozchi]	n farmer
команда	[komanda]	n crew, team

командир	[komandir]	n commander
комбайн	[kombayn]	n combine
комбинат	[kombinat]	n works, plant
комедия	[komediya]	n comedy
комил	[k'omil']	adj consummate, perfect
комитет	[komitet]	n committee
коммерсант	[kommyersant]	n merchant
коммунистик	[kommunistik]	adj communist
комплекс	[komplyeks]	n complex
комплект	[komplyekt]	n complement, file, set
комсомол	[komsomol]	n comsomol
кон	[k'on]	n mine
консул	[konsul]	n consul
консулхона	[konsulhona]	n consulate
консультация	[konsul'tatsiya]	n consultation
контора	[kontora]	n office
контрол	[kontrol']	n check, v control
конференция	[konfyeryentsiya]	n conference
конфет	[konfyet]	n sweet, candy
концерт	[kontsert]	n concert
кончи	[k'onchi]	n miner
кооператив	[koopyeratif]	n cooperative
корпус	[korpus]	n corps, hulk
корхона	[k'orhona]	n enterprise
коса	[k'osa]	n cosa (big cup)
космос	[kosmos]	n cosmos, space
костюм	[kostyum]	n costume, suit

кредит	[kredit] n credit, tick
крепдешин	[kryepdeshin] n crepe de Chine
куёв	[k'uyov] n bridegroom, son-in-law
куз	[k'uz] n autumn, fall
кузатмоқ	[k'uzatmoq] v accompany, see off
кузги	[k'uzgi] adj autumn
куй	[k'uy] n melody, tune
куйдирмоқ	[k'uydirmoq] v burn, burnt, burnt
куймоқ	[k'uymoq] v flame
кул	[k'ul'] n ash, cinder
кулги	[k'ulgi] n laughter
кулдон	[k'ul'don] n ash tray
кулмоқ	[k'ul'moq] v laugh
кумуш	[k'umush] n silver
кун	[k'un] n day
кунгабоқар	[k'ung'aboqar] n sunflower
кунда	[k'unda] adv daily
кундуз	[k'unduz] n day time
кураш	[k'urash] n struggle, wrestle
кутмоқ	[k'utmoq] v await, wait, expect
кутубхона	[k'utubhona] n library
куч	[k'uch] n force, power
кучаймоқ	[k'uchaymoq] v increase
кучли	[k'uchli] adj forceful, powerful
кучук	[k'uchuk'] n pup, puppy
куя	[k'uya] n moth
кўз	[k'öz] n eye

кўза	[k'öza]	n jug, jar
кўзойнак	[k'özoynak']	n eye glasses
кўйлак	[k'öylak']	n shirt
кўк	[k'ök']	adj blue
кўкармоқ	[k'ök'armoq]	v be green, grow
кўкат	[k'ök'at]	n greenery, greenness
кўклам	[k'ök'lam]	n spring
кўкрак	[k'ök'rak']	n bosom, chest
кўл	[k'öl']	n lake
кўмир	[k'ömir]	n coal
кўмирчи	[k'ömirchi]	n miner
кўнгил	[k'öngil]	n soul, spirit, heart
кўп	[k'öp]	many, much
кўпаймоқ	[k'öpaymoq]	v grow, grew, grown
кўпгина	[k'öpkina]	lots of, much
кўплаб	[k'öplab]	adv so much, so many
кўплик	[k'öplik']	n multitude, variety
кўприк	[k'öprik']	n bridge
кўпчилик	[k'öpchilik']	n majority
кўр	[k'ör]	n blind, sightless
кўринмоқ	[k'örinmoq]	v appear, crow up
кўрмоқ	[k'örmoq]	v see, saw, seen
кўрпа	[k'örpa]	n blanket, cover
кўрсатма	[k'örsatma]	n direction, indication
кўрсатмоқ	[k'örsatmoq]	v show, showed, show
кўрсаткич	[k'örsatqich]	n pointer, index
кўтармоқ	[k'ötarmoq]	v elevate, take up, lift

кӯч [k'öch] n property, estate
кӯча [k'öcha] n street
кӯчма [k'öchma] adj mobile, movable
кӯчманчи [k'öchmanchi] n nomad
кӯчмоқ [k'öchmoq] v remove, move

Л

лаб [l'ab] n lip
лаббай [l'abbay] What did you say?
лавлаги [l'avl'agi] n beet
лавозим [lavozim] n funktion, position, post
лаган [l'agan] n large dish
лаганбардор [l'aganbardor] n yesman, toady
лагерь [lager'] n camp
лаззат [l'azzat] n flavour, taste, delight
лайлак [l'ayl'ak'] n stork
лалмикор ер [l'al'mik'or yer] land irrigated by
melted snow
лампа [lampa] n lamp
латта [l'atta] n mulksop, cloth
лауреат [laureat] n laureate
лаънат [l'an"at] n curse, dammation
лақаб [laqab] n nickname
лаҳза [l'akhza] n instant, jiff, shake
лекин [lyekin] adv however, though, but
лектор [lyektor] n lecturer
лекция [lyektsiya] n lection

72

либос	[libos] n clothes, dress
ликоп	[lik'op] n large plate
лиқ (тўла)	[liq tola] adj full
ловия	[loviya] n kidney been
ловулламоқ	[lovullamoq] v flame, glow
лозим	[lozim] adj necessary
лой	[loy] n clay, slush
лойиқ	[loyiq] adj worthy, eligible
лойиха	[loyikha] n project,draft, plan
лойқа	[loyqa] adj slime
лол	[lol] n n muteness
лола	[lola] n tulip
лотерея	[lotereya] n lottery
лоф	[lof] n exaggeration
лочин	[lochin] n falcon
локайд	[loqayd] adj indifferent
луғат	[lughat] n dictionary
лўли	[loli] n gipsy

М

ма	[ma] take it
маблағ	[mablagh] n amount, sum
маблағ ажратмоқ	[mablag adjratmoq] v allocate,assing
мабодо	[mabodo] conj if
мавжуд	[mavdjut] adj existing, present
мавжудлик	[mavdjudlik'] n existence
мавзу	[mavzu] n theme, subject

шу мавзуда	[shu mavzuda]	on this subject
маврид	[mavrit]	n situation, moment, time
шу мавридда	[shu mavritta]	in this moment
мавсум	[mafsum]	n season
ёз мавсуми	[yoz mafsumi]	summer season
магазин	[mag'azin]	n store, shop
мадад	[madat]	n help, assistance, aid
мадад бермоқ	[madat bermoq]	v render
мададкор	[madatk'or]	n assistant, helpmate
маданий	[madaniy]	adj cultural
маданият	[madaniyat]	n culture
мадор	[mador]	n might, power
мадраса	[madrasa]	n medrese (muslim theological school)
мажбур	[madjbur]	adv forced, adj obliged
мажбурият	[madjburiyat]	n necessity, obligation
мажлис	[madjlis]	n assambley, meeting
маза	[maza]	n taste, delight, smack
мазали	[mazali]	adj delicious, enjoyable
мазах	[mazah]	n bunter, fun, joke
мазах қилмоқ	[mazah qilmoq]	v fool, jest, joke
мазкур	[mazk'ur]	aboved mentioned
мазмун	[mazmun]	n subject matter, topic
маишат	[maishat]	n life, being
маиший	[maishiy]	adj vital
май	[may]	n May
май	[may]	n wine

майда́ [mayda] adj partly, small n straw
майдалaмо́қ [maydalamoq] v granulate, change
майдо́н [maydon] n place, square, field
майдонга́ чиқмо́қ [maydonga chiqmoq] v to come into existance
майиз [maiyz] n raisin
майли́ [mayli] adv well, nicely
маймун [maymun] n monkey
майса́ [maysa] n grass, herb
мако́н [mak'on] n diggins, habitation
маккажу́хори [mak'k'adjuhori] n corn, maize
мактаб [mak'tab] n school
мактуб [mak'tub] n letter
малака́ [malak'a] n habit, qualification
мало́л [malol] n anxietly, difficulty
мамлакат [maml'ak'at] n country
мамну́н [mamnun] adj satisfied, content
мана́ [mana] here, there is
манба́ [manba] n spring, source
манзара́ [manzara] n view, panorama
манзу́р [manzur] n noteworthy
мансаб [mansab] n title, function
мантиқ [mantiq] logic
мантиқий [mantiqiy] adj logical
манфаат [manfaat] n profit, good
маориф [maorif] n enlightment, education
Марғило́н [marghilon] n Margilan (city)

75

мард	[mart] n adj manful, brave	
мардлик	[mardlik'] n courage, spunk	
мардикор	[mardik'or] n day labourer	
марказ	[mark'az] n center, focus	
марказий	[mark'aziy] adj central	
мармар	[marmar] n marble	
маром	[marom] n gauge, norm, rate	
маросим	[marosim] n rite, ceremony	
марра	[marra] n finish	
март	[mart] n March	
марта	[marta] n time, once	
марш	[marsh] n march	
мархамат	[markhamat] n grace, mercy, welcome	
масал	[masal] n fable, parable	
масала	[masala] n question, problem	
масалан	[masalan] for example	
масжид	[masdjid] n mosque	
маслахат	[maslakhat] n advice, recommendation	
мастер	[master] n master, craftsman	
маст	[mast] adj drunk, tipsy	
масхара	[mashara] n gibe, jeer, scorn	
маъсул	[ma"sul] adj responsible	
маъсулият	[ma"suliyat] n responsibility	
матбуот	[matbuot] n seal, press	
математика	[matematika] n mathematics	
матонат	[matonat] n endurance, fortitude	
матрас	[matras] mattress	

76

махсус   [makhsus] adj special, particular
махфий   [makhfiy] adj clandestine, occult
машаққат   [mashaqqat] n difficulty, torment
машаққатли   [mashaqqatli] adj difficult, cruel
машина   [mashina] n engine, machine
машъал   [mash"al] n torch
машқ   [mashq] n exercise, drill
машгул   [mashghul] adj intent
машгулот   [mashghulot] n studies
машхур   [mashkhur] adj famed, known
prominent
маълум   [ma"lum] adj known, certain,definite
маълумот   [ma"lumot] n knoledge, cognition
маъмур   [ma"mur] n administrator
маъмурий   [ma"muriy] adj administrative
маъмурият   [ma"muriyat] n administration
маънавий   [ma"naviy] adj spiritual, ghostly
маънавий-сиёсий [ma"naviy siyosiy] adj moral
political
маъно   [ma"no] purport, signification
сўзнинг маъноси [sozning ma"nosi] concern of a
word
маърифат   [ma"rifat] n education, formation
маъруф   [ma"ruf] adj known, glorious
маъкул   [ma"qul] adj eligible
маъкулламок   [ma"qullamoq] applaud
мақбара   [maqbara] n tomb, mausoleum
77

мақол	[maqol] n proverb, saying
мақола	[maqola] n article, remark
мақсад	[maqsat] n aim, goal, idea, purpose
мақтамоқ	[maqtqmoq] v commend, compliment
мақтончоқ	[maqtonchoq] adj boastful, n boaster
мақтов	[maqtou] n eulogy
магиз	[maghiz] n nucleus, core
мағлубият	[maghlubiyat] n defeat, raut
мағриб	[maghrib] n occident, west
мағрур	[maghrur] adj proud, subline
маҳал	[makhal] n duration, time, gender
маҳалла	[makhalla] n quarter, district
маҳаллий	[makhalliy] adj local
маҳкам	[makhkam] adj hale, strong, firm
маҳмадона	[makhmadona] chatterbox, jay
маҳорат	[makhorat] n skill, mastery
маҳрум	[makhrum] n destitute, devoid
маҳсул	[makhsul] n output, product
маҳсулот	[makhsulot] n production, ware
мева	[myeva] n fruit
мевазор	[myevazor] n orchard
медицина	[myeditsina] n medicine
мен	[myen] pron I
меники	[myeniki] pron mine, my
мерос	[myeros] n heritage, legacy
метод	[myetod] n method, mode
метро	[myetro] n underground

механик	[myehanik] n mechanic, machinist
меъёр	[mye"yor] n criterion, measure
меъмор	[mye"mor] n architect
меҳмон	[myekhmon] n guest
меҳмонхона	[myekhmonhona] n hotel, inn, pub
меҳнат	[myekhnat] labor, work, employment
меҳнаткаш	[myekhnatk'ash] n working, worker
меҳр	[myekhr] n love, passion
меҳрибон	[myekhribon] adj fond, loving
миллат	[mill'at] n nation, nationality
миллий	[milliy] adj national
миллион	[million] num million
милод	[milod] Chrismas
милтиқ	[miltiq] n gun, rifle
минбар	[minbar] n tribune, stand
минг	[ming] num thousand
министр	[ministr] n minister
министирлик	[ministrlik'] n ministry
минмоқ	[minmoq] v bestride,bestrode,
bestridden	
миннатдор	[minnatdor] adj grateful, thankful
минора	[minora] n tower
мис	[mis] n copper
мисли	[misli] as if, like
мих	[mih] n nail, stud
миш-миш	[mish mish] n fame, rumor
мия	[miya] n brain, head, intelligence

мобайнига	[mobayniga] instead of
мобайнида	[mobaynida] for
модда	[modda] n item
моддий	[moddiy] adj material
модомики	[modomiki] conj because, as
можаро	[modjaro] n event, incident
мозор	[mozor] n cemetery, graveyard
мой	[moy] n butter, fat, tallow
мол	[mol] n cattle, stock, goods
молия	[moliya] n finances
монанд	[monand] adj similar, like
молхона	[molhona] n cattle-shed
мос	[mos] adj relevant
мот	[mot] n mate
мотам	[motam] n mourning, crape
моҳир	[mokhir] adj proficient, skilful
моҳият	[mokhiyat] n essence, core
муаллим	[muallim] n teacher, master
муболага	[mubolagha] n exaggaration, hypebole
муваффақият	[muvaffaqiyat] n seccess, hit
мувофиқ	[muvofiq] adj suitable
муддат	[muddat] n term
мудир	[mudr] n manager, director
мудофаа	[mudofaa] n defence, protection
мудроқ	[mudroq] n nap, doze, nod
муз	[muz] n ice
музлатмоқ	[muzlatmoq] v freeze, froze, frozen

80

музхона [muzhona] n refrigerator

музқаймоқ [muzqajmoq] n ice-cream

мукаммал [muk'ammal] adj accomplished

мукофот [muk'ofot] n premium, prize

мукофотламоқ [muk'ofatlamoq] v decorate

мулк [mul'k'] n property

мулла [mulla] n mulla(priest)

мулойим [muloyim] adj fond, mild, silken

мулоҳаза [mulokhaza] n reflection, thinking

мумкин [mumkin] adj possible, probable

мундарижа [mundaridja] n keep up

мунозара [munozara] n debate, discussion

муносабат [munosabat] n relation, attitude

муносиб [munosib] adj correlative, relevant

мунтазам [muntazam] adj regular, constant

муовин [muovin] n substitude, deputy

муомала [muomala] n treatment

мураббо [murabbo] n jam, preserve

мураккаб [murakk'ab] adj complicated, involved

мураккаблашмоқ [murakk'ablashmoq] v complicate

Мурғоб [murghob] n Murgab (river)

мурожаат [murodjaat] n appeal, to address

муроса [murosa] n concitiation

мурч [murch] n black pepper

мусибат [musibat] n misfortune, disaster

мусобақа [musobaqa] n match, contest, duel

мусофир	[musofir] n newcomer, visitor
мустақил	[mustaqil] adj unaided, independent
мустақиллик	[mustaqillik'] n independence
мустаҳкам	[mustkhkam] adj stable, firm, durable
мусулмон	[musul'mon] n moslem
мутафаккир	[mutafakkir] n speculator
мутахассис	[mutahassis] n specialist
мутлақо	[mutlaqo] adv absolutely
мутассил	[mutassil] adj continual
мутаҳам	[mutakham] n scoundrel, cheat
муфти	[mufti] mufti (moslem jurist)
мухбир	[mukhbir] n correspondent
мушак	[mushak'] n salut
мушкул	[mushk'ul'] adj difficult, uphill
мушт	[musht] n cam, fist
мушук	[mushuk'] n cat
муқаддас	[muqaddas] adj sacramental, sacred
муқаддима	[muqaddima] n introduction, preface
муқова	[muqova] n binding, cover
муғомбир	[mughombir] n sly, crafty, wily
муҳаббат	[mukhabbat] n love, passion
муҳаррир	[mukharrir] n editor, writer
муҳим	[mukhim] adj important, earnest
муҳожир	[mukhodjir] n refugee, emigrant
муҳокама	[mukhok'ama] n discussion, dispute
муҳр	[mukhr] n seal, stamp

мухтарам	[mukhtaram] adj respectable, estimable
мухтож	[mukhtodj] adj indigent
мухтожлик	[mukhtodjlik'] n need, distress
мўй	[möy] n hair, wool
мўйлов	[möylov] n moustache
мўйсафид	[möysafid] n grey, hoar, elder
мўлжал	[möldjal] n calculation
мўлжалламок	[möldjallamoq] v mark, plan
мўллик	[möllik'] n opulence, plenty
мўмин	[mömin] adj devotee, modest
мўғўл	[möghöl] n mongolian

Н

на у на бу	[na u na bu] neither
нав	[nav] n sort, class, kind
навбат	[navbat] n turn, line
навбатда турмок	[navbatda turmoq] v to stand in a line
навбатдаги	[navbatdagi] adj incoming
навбатчи	[navbatchi] n on duty, orderly
навбатчилик	[navbatchilik'] n duty
навбаҳор	[navbahor] n early spring
наво	[navo] n melody, tune
наврўз	[navröz] the day of new year
назар	[nazar] n aspect, look, opinion
назарда тутмок	[nazarda tutmoq] v keep in mind

83

назарий	[nazariy] adj theoretical
назария	[nazariya] n theory, speculation
назорат	[nazorat] n superintendence, supervision
назоратчи	[nazoratchi] n overseer, supervisor
наинки	[nainki] adv indeed
най	[nay] n mouth organ, pipe
найза	[nayza] n pike, spear, bayonet
нам	[nam] n moisture
намакоб	[namak'ob] n brine, pickle
намламок	[namlamoq] v madefy
намлик	[namlik'] n humidity
намоён	[namoyon] adj isible, explicit
намоз	[namoz] n prayer, grace
намойиш	[namoyish] n show, demonstration
намоянда	[namoyanda] n representative, delegate
намуна	[namuna] n example, sample, lead
нарвон	[narvon] n scale, staircase
нари	[nari] adv there
нари-бери	[nari beri] adv nither and thether
нариги	[narigi] that
наридан	[naridan] adv beyond
нарса	[narsa] n thing, object, subject
нарх	[narh] n price, charge, cost
насия	[nasiya] n credit, tick, debt
насихат	[nasikhat] n admonition, instruction

84

насл	[nasl] n gender, family, tribe
натижа	[natidja] n result
нафас	[nafas] n breath, wind, sigh
нафақа	[nafaqa] n benefit, alimony, grant
нафис	[nafis] adj slender, slim
нафрат	[nafrat] n hate, hatred
нафс	[nafs] n soul, spirit
нашр	[nashr] n edition, issue
нашриёт	[nashriyot] n publishing house
нақд	[naqd] adj cash
нақш	[naqsh] n carving, design
наққош	[naqqosh] n artist
невара	[nevara] n grandchild
нега	[nega] adv why
немис	[nemis] n german
нефть	[nyeft'] n petroleum, oil
неча	[nyecha] how much, how many
нечанчи	[nyechanchi] adj which, such
нечик	[nyechik'] adj, pron what, which
неъмат	[nye"mat] n boon, good
низом	[nizom] n condition, structure
никоҳ	[nik'okh] n marriage, matrimony
нима	[nima] pron what
нимага	[nimag'a] adv why
нимжон	[nimdjon] adj faint, feeble, weak
нисбатан	[nisbatan] towards
нишон	[nishon] n mark, sign

нишонламок	[nishonlamoq] v mark, note,signalise
ният	[niyat] n design, intent
нихол	[nikhol] n shoot
нихоят	[nikhoyat] n end, finish,adv at last
новвой	[novvoy] n baker
новвот	[novvot] n candy
новча	[novcha] adj high, tall
нодир	[nodir] adj rare, uncommon
ноз	[noz] n coquetry
ноз-неъмат	[noz ne"mat] n enjoyment
ноилож	[noilodj] adv against one's will
нок	[nok'] n pear
ном	[nom] n name
номаълум	[no"malum] adj unknown
номзод	[nomzod] n nominee, candidate
номус	[nomus[n honor, shame
нон	[non] n bread
ноништа	[nonishta] n breakfast
нордон	[nordon] adj sour, tart
норма	[norma] n norm, rate
норози	[norozi] adj discontented
нотик	[notiq] n speaker, spokesman
нотўгри	[notoghri] adj incorrect
ноябрь	[noyabr'] n November
нокулай	[noqulay] adj unhandy
нур	[nur] n ray, shaft
нусха	[nuskha] n standart, model, copy

нутқ   [nutq] n speech
нуқсон   [nuqson] n defect
нуқта́   [nuqta] n dot, point
нуқул   [nuqul] pron all, wholes

O

об   [ob] n water
обида́   [obida] n memorial, monument
оби-ҳаво́   [ob havo] n weather, climate
оби-ҳаёт   [ob hayot] living water
о́бласть   [oblast'] n region, province
обо́д   [obod] adj flourishing
обормоқ   [obormoq] v waft, scud
обрӯ   [obru] n autority
обуна́   [obuna] n subscribtion
ов   [ov] n chevy, hunting
овчи   [ovchi] n hunter
ов қилмоқ   [ov qilmoq] v hunt
ово́з   [ovoz] n voice, vote, pop, sound
ову́л   [ovul] n aul(village)
овқат   [ofqat] n food, meal, feeding
овқатланмоқ   [ofqatlanmoq] v eat, ate, eating
овқатхона́   [ofqatxona] n canteen, dining-room
одам   [odam] n man, person, soul
оддий   [oddiy] adj usual, normal
одил   [odil] adj right, just, fair
оёқ   [oyoq] n foot, shank, leg

оёқ кийимлари [oyoq kiymlari] n foot-wear

оз [oz] adv little

Озарбайжон [ozarbaydjon] n Azerbaijan

озиқ [oziq] n supply

озиқ-овқат [oziq ofqat] n provisions

озмоқ [ozmoq] vreduce, slim

озод [ozod] adj free, disengaged

озода [ozoda] adj clean, clear

озодалик [ozodalik] n clarity, purity

озодлик [ozodlik] n freedom, liberty

озгин [ozghin] adj scinny, gaunt

оид [oid] adj revelant

оила [oila] n family, folk, kin

ой [oy] n moon, month

ойдин [oydin] adj lunar

ойи [oyi] n ma, mamma

ойлик [oylik] n pay, salary

ойна [oyna] n glass, looking-glass

октябрь [oktyabr'] n October

олам [olam] n univerce,world

олдин [oldin] adv originally, first

олдинги [oldingi] adj forward, front

олдинда [oldinda] adv in front, ahead

олдиндан [oldindan] adv beforehand

олижаноб [olidjanob] adj noble

олий [oliy] adj supreme, high

олим [olim] n scolar

88

ОЛИС	[olis] adj far, far away
ОЛМА	[olma] n apple
ОЛМАЛИК	[olmaliq] Almalyk (city)
ОЛМАОТА	[olmaota] Alma-Ata
ОЛМОК	[olmoq] v take, took, taken
ОЛОВ	[olov] n fire, light
ОЛОМОН	[olomon] n crowd, troop
ОЛТИ	[olti] num six
ОЛТИН	[oltin] n gold
ОЛТИНЧИ	[oltinchi] num sixth
ОЛТМИШ	[oltmish] num sixty
ОЛЧА	[olcha] n cherry
ОЛКИШЛАМОК	[olqishlamoq] v applaud
ОЛГА	[olgha] adv forward
ОМАД	[omad] n luck, success
ОМБОР	[ombor] n barn, storehouse
ОМИЛ	[omil] n cause, factor
ОМИН	[omin] amen
ОММА	[omma] n people, population
ОММАВИЙ	[ommaviy] adj total, universal
ОМОНАТ	[omonat] n thing, property, money
ОНА	[ona] n mater, mother
ОНА ТИЛИ	[ona tili] n native language
ОНГ	[ong] n mind, brain
ОНГЛИ	[ongli] consccious
ОНТ	[ont] n oath, vow
ОПА	[opa] n eldest sister

операция	[opyeratsiya] n operation, procedure
оппоқ	[oppoq] adj white
ора	[ora] n interval, span
орган	[organ] n organ
орден	[ordyen] n decoration
орзу	[orzu] n desire, wish, dream
Орол денгизи	[orol dengizi] n Aral sea
ором	[orom] n rest, quiet
орт	[ort] n back side, rear
ортилмоқ	[ortilmoq] v lade, laded, laden
ортиқ	[ortiq] adj odd
орқа	[orqa] n back, stern
Осиё	[osiyo] n Asia
осилмоқ	[osilmoq] v suspend, hung
осмон	[osmon] n sky, heaven
осон	[oson] adj easy, light
осонлик	[osonlik] n fasility, ease
от	[ot] n horse
от	[ot] n name
ота	[ota] n father, parent
оталик	[otalik] n fatherhood, parternity
ота-она	[ota ona] n parents
оташ	[otash] n flame, flare
отмоқ	[otmoq] v cast, cast, cast
офат	[ofat] n adversity
офтоб	[oftob] n sun
охир	[ohir] n end, ending

оч [och] adj hungry, hollow

очиқ [ochiq] adj open, frank, overt

очилиш [ochilish] n discovery

очмоқ [ochmoq] v open, clear, let out

ош [osh] n pilav, hot meal

ошиқ [oshiq] adj odd, n in love

ошна [oshna] n fellow, friend

ошпаз [oshpaz] n cook

ошхона [oshhona] n canteen, kitchen

оқ [oq] adj white

оқибат [oqibat] n result, effect

оқизмоқ [oqizmoq] v spile, spilt, spilt

оқим [oqim] n flux, course, stream

оқламоқ [oqlamoq] v branch, bleach

оқмоқ [oqmoq] v flow, leak, seep

оқсамоқ [oqsamoq] v hobble, limp

оқсоқол [oqsoqol] n elder

оқшом [oqshom] n twilight, evening

оққуш [oqqush] n swan

оға [ogha] n elder brother

оғзаки [oghzaki] adj oral, verbal

оғиз [oghiz] n mouth, gob, jaw

оғир [oghir] adj grievous, heavy

оғримоқ [oghrimoq] v smart, be sick

оғриқ [oghriq] n ache, pain

П

пайдо́ бӯлмо́қ [paydo bolmoq] v appear, emerge

пайпоқ [paypoq] n stocking, sock, toe

пайт [payt] n moment, time

пайшанба́ [payshanba] n Thursday

пакана́ [pak'ana] adj low, short, gnome

пала́та [palata] n chamber, ward

пало́в [palou] n pilav

пальто́ [pal'to] n coat, overcoat

панжа́ [pandja] n hand

панжара́ [pandjara] n enclouse, grating

папиро́с [papiros] n cigarette

паранжи́ [parandji] n paranjee

парвариш қилмо́қ [parvarish qilmoq] v nurse, look after

парво́ [parvo] n care, concern

парвона́ [parvona] n butterfly

парда́ [parda] n curtain

парово́з [parovoz] n locomotive

парохо́д [parohod] n steamship

парча́ [parcha] n chunk, piece

парчала́моқ [parchalamoq] v divide

пасайиш [pasayish] n fall, lowing degradation

пасай́моқ [pasaymoq] v lower, relieve

паст [past] adj low

92

пастлик	[pastlik'] n hollow	
патир	[patir] n patir (national bread)	
патнис	[patnis] n tray, salver	
пахта	[pahta] n cotton	
пахтакор	[pahtak'or] n cotton grower	
пахтачилик	[pahtachilik'] n cotton growing	
пашша	[pasha] n fly	
пақир	[paqir] n bucket, pail	
пешана	[pyeshana] n forehead	
пешин	[pyeshin] n midday, noon	
пиёда юрмоқ	[piyoda yurmoq] v hike, walk	
пиёз	[piyoz] n onion	
пилла	[pill'a] n cocoon, pod	
пилта	[pilta] n wick	
писта	[psta] n pistachio	
пичирламоқ	[pichirlamoq] v whisper, murmur	
пичоқ	[pichoq] n knife	
пишиқ	[pishiq] adj hale, robust	
пишмоқ	[pishmoq] v boil	
план	[plan] n plan, draft, scheme	
планлаштириш	[planlashtirish] v plan, schedule	
планли	[planli] adj pre-arranged	
плашч	[plashch] n cloak, raincoat	
пода	[poda] n drove, herd, flock	
подшо	[podsho] n king	
подшолик	[podsholik'] n reign, kingdom	
поезд	[poiezt] n train	

поён	[poyon] n edging, edge, side
пойга	[poygha] n the races
пойдевор	[poydevor] n foundation, base
пойламоқ	[poylamoq] v await, expect
пойтахт	[poytaht] n capital
покиза	[pokiza] adj clean, pure
полвон	[polvon] n athlete
полиз	[polis] n bed, kitchen garden
помидор	[pomidor] n tomato
Помир	[pomir] n Pamir mountain
порлоқ	[porloq] adj resplendent, shiny
портламоқ	[portlamoq] v detonate, explode
портфель	[portfyel'] n briefcase, portfelio
почта	[pochta] n post
почча	[pocha] n brother-in-law
почтальон	[pochtal'on] n postman
пошна	[poshna] n heel
правление	[pravlyenie] n managment
практика	[praktika] n practice
президент	[pryezident] n president
премьера	[prem'era] n premiere
процент	[protsent] n per cent, interest
пул	[pul] n money, currency
пуфак	[pufak'] n ball, bubble, baloon
пуч	[puch] adj empty, vain
пьеса	[p'yesa] n piece, play
пўлат	[polat] n steel

пўчо́қ	[pöchoq]	n hull, skin, pells
пўшт	[pösht]	look out!

р

рабби́й	[rabbiy]	grasious me, goodness
равиш	[ravish]	n manner, mode, style
равнақ	[ravnaq]	n brilliance, shine
равша́н	[raushan]	adj light, bright
рад этмо́қ	[rad etmoq]	v confute, disprove
ра́дио	[radio]	n radio
радиоэшиттириш	[radioeshittirish]	n broadcasting
разм солмо́қ	[razm solmoq]	v look attentively
раис	[rais]	n chairman
райо́н	[rayon]	region, district
райхо́н	[rayhon]	n
рамз	[ramz]	n emblem, symbol
ранг	[rang]	n paint, color
рангли́	[rangli]	adj colored, colour
ранж	[randj]	n grievance, offence
расм	[rasm]	n describtion, ikon, icon
расмий	[rasmiy]	adj ceremonial, formal
рассо́м	[rassom]	n artist
расул	[rasul]	n envoy
рафиқа́	[rafiqa]	n wife, friend
рашқ	[rashq]	n jealousy, envy
рақам	[raqam]	n figure, numeral
рақиб	[raqib]	n rival, competitor

95

рақс	[raqs]	n dance, hop
раққоса	[raqqosa]	n dancer (woman)
рақбар	[rakhbar]	n head, leader, instructor
рақим	[rakhim]	adj charitable, merciful
рақмат	[rakhmat]	n thank you, thanks
рақматли	[rakhmatli]	n calm, deceased
редакция	[ryedaktsiya]	n editorial staff
режиссёр	[ryedjissyor]	n director
реклама	[ryeklama]	n advertisment, publicity
ремонт	[ryemont]	repair
республика	[ryespublika]	n republic
реформа	[ryeforma]	n reform
ривож	[rivodj]	n development
ривожланмоқ	[rivodjlanmoq]	v develop, progress
ривоят	[rivoyat]	n legend, story
рози бўлмоқ	[rozi bolmoq]	v satisfied, content
розилик	[rozilik']	n satisfaction, consent
роль	[rol']	n role, part
роман	[roman]	n novel
рост	[rost]	adj truthful, n truth
ростакам	[rostak'am]	adj real
рояль	[royal']	n piano
роқат	[rokhat]	n pleasure, relish, rest
рубоб	[rubob]	n stringed musical
instrument		
руль	[rul']	n helm, rudder
рус	[rus]	n Russian

русча́	[ruscha] adj Russian
рухса́т	[rukhsat] n permit, solution
ручка́	[ruchka] n pen
рух	[rukh] n spirit, ghost, mood
рухий	[rukhiy] adj spiritual
рухланмо́қ	[rukhlanmoq] v cheep up
рўй	[roy] n face, surface
рўй бермо́қ	[roy bermoq] v obtain, to appear
рўйхат	[roykhat] n list, roll, scroll
рўмо́л	[römol] n shawl, head scarfs

С

саба́б	[sabab] n cause, reason
сабабли́	[sababli] postp because of,owing to
сабза́	[sabza] n verdure, grass
сабзаво́т	[sabzavot] n vegetable
сабзи́	[sabzi] n carrot
сабо́қ	[saboq] n lesson
сабо́қ олмо́қ	[saboq olmoq] v learn a lesson
сабо́х	[sabokh] n morn, morning
сабр	[sabr] n patience, endurance
савамо́қ	[savamoq] v lash, stich
саваш	[savash] n battle, struggle
савдо́	[savdo] n commerce, trade
савдога́р	[savdogar] n dealer, trader,merchant
савия́	[saviya] n level, standard
савобли́	[savobli] adj kind, benign

савод [savod] n muniment
саводлик [savodlik'] n literacy
савол [savol] n question, problem
савол бермоқ [savol bermoq] v question
садақа [sadaqa] n charity
садо [sado] n pop, sound, voice
садоқат [sadoqat] n fidelity, allegiance
саёз [sayoz] n shelf, adj partly
саёхат [sayokhat] n tour, voyage, travel
саёхатчи [sayokhatchi] n traveller,tourist
сазовор [sazovor] adj worthy of, deserving
сайин [sayin] postp every, each
сайламоқ [saylamoq] v choose, elect
сайлов [saylov] n election
сайр [sayr] n walk, promenade
сайрамоқ [sayramoq] v chirp, chirrup
саккиз [sakkiz] num eight
саккизинчи [sakkizinch[] num eighth
сакрамоқ [sakramoq] v jump, spring
саксон [sakson] num eighty
сал [sal'] just a little
салла [sall'a] n turban
салмоқли [salmoqli] adj heavy, weighty
салом [salom] salam, regard, greeting
салом алейкум [salom aleykum] greeting
саломлашмоқ [salomlashmoq] v greet, hall
салқин [salqin] n cool

самара́	[samara] n fruit, product
самарали	[samarali] adj fruitful, product
Самарқа́нд	[samarqand] Samarkand (city)
самимий	[samimiy] adj sincere, frank, cordial
самолёт	[samolyot] n airplane
самова́р	[samovar] n samovar
сана́	[sana] n year, date
сандиқ	[sandiq] n chest, box, hutch
саноат	[sanoat] n industry
саноатчи	[sanoatchi] n industrialist
саноқ	[sanoq] n account, calculus
санчиқ	[sanchiq] n colic, gripes
санъат	[san"at] n art, workmanship
санъаткор	[san"atk'or] n artist, actor
саодат	[saodat] n happiness, luck
сапчимоқ	[sapchimoq] v flound, rush
сараламоқ	[saralamoq] v sort
саратон	[saraton] n saratan(summer heat)
сарва́р	[sarvar] n leader, chief
саргузашт	[sarg'uzasht] n adventure
сардо́р	[sardor] n leader
сари	[sari] postp to, towards
сариқ	[sariq] adj yellow
сарлавҳа	[sarlavkha] heading, title
сароб	[sarob] n mirage
сарой	[saroy] n palace

сартараш	[sartarash] n hairdresser
сарф	[sarf] n expenditure
сарфламок	[sarflamoq] v expend
саргаймок	[sarghaymoq] v get yellow
сассик	[sassiq] adj strinking, putrid
сатр	[satr] n line (of writing)
сатх	[satkh] n surface
саф	[saf] n row, line, rank
сафар	[safar] n tour, voyage
сафарбар	[safarbar] adj mobilized
сафорат	[saforat] n embassy
сакич	[saqich] n chewing gum
сакламок	[saqlamoq] v keep, kept, kept
сахар	[sakhar] n early morning
сахифа	[sakhifa] n page
сахна	[sakhna] n stage, scene
сахро	[sakhro] n desert, waste, prairie
севги	[syevgi] n love
севгили	[syevgili] n darling
севимли	[syevimli] adj favorite, beloved
севмок	[syevmoq] v fancy, love, like
севинч	[syevinch] n joy, mirth
сезмок	[syezmoq] v feel, felt, felt
секин	[syekin] adv stilly, quietly
сел	[syel'] n rainfall, downfall
семиз	[syemiz] adj thick, fat

семирмоќ	[syemirmoq] v grow stout, put on weight
сен	[syen] pron thou, you
сеники	[syeniki] pron your, thy, thine
сентябрь	[syentyabr'] n September
сеп	[sep] n dowry
сепмоќ	[sepmoq] v sprinkle, water
серб	[serb] n Serbian
сергак	[serg'ak'] adj cautious, alert
сесканмоќ	[sesk'anmoq] v flinch, start
Сибирь	[sibir'] nn Siberia
сигир	[sigir] n cow
сидирмоќ	[sidirmoq] v strip
сидќ	[sidq] n allegiance, devotion
сиёсат	[siyosat] n policy, politics
сиёсатчи	[siyosatchi] n politician
сиёсий	[siyosiy] adj political
сиёх	[siyokh] n ink
сиз	[siz] pron you
сизмоќ	[sizmoq] v bleed, bled, bled
сизот сув	[sizot su] n ground water
силамоќ	[silamoq] v iron, press, stroke
силжимоќ	[sildjimoq] v budge
силжиш	[sildjish] n shift
силкимоќ	[silkimoq] v shake up
силлиќ	[silliq] adj slick, smooth
сим	[sim] n wire

симоб	[simob] n mercury, quick silver
синамоқ	[sinamoq] v experience, check up
сингари	[singari] postp as, similar to
сингил	[singil] n youngest sister
синдирмоқ	[sindirmoq] v break, broke, broken
синмоқ	[sinmoq] v crack, split
синов	[sinou] n sample, test, tzial
синф	[sinf] n class, school-room, form
сир	[sir] n mystery, secret
сира	[sira] completly, at all
Сирдарё	[sirdaryo] n Syrdarya river
сирка	[sirk'a] n vinegar
сирли	[sirli] adj clandestine,confidential
сирпанмоқ	[sirpanmoq] v slip
сирт	[sirt] outside
сиртқи	[sirtqi] adj exterior, outward
сирғанчиқ	[sirghanchiq] adj slippery, slippy
сифат	[sifat] n kind, quality
сичқон	[sichqon] n mouse
сиқим	[siqim] n handful
сиқмоқ	[siqmoq] v crush, press
сиғмоқ	[sighmoq] v comprize, hold
сихат	[sikhat] n health
славян	[slavyan] n Slav
словак	[slovak] n Slovak
соат	[soat] n hour, time, cloak
соат неча?	[soat nyecha] What is the time?

102

совет	[sovet] n council, soviet
совун	[sovun] n soap
совук	[sovuq] adj cold, chill, frosen
совга	[sovgha] n gift, present
содда	[sodda] adj simple, common
сов	[soz] adv well, nicely
сой	[soy] n river
солмок	[solmoq] v lay, laid, laid
сомса	[somsa] n sinker
сон	[son] n number, quantity
соп	[sop] n grip, handle, holder
сотмок	[sotmoq] v sell, sold, sold
сотиш	[sotish] n selling, sale,
соф	[sof] adj clean, clear
сохта	[sohta] spurious, sham
соч	[soch] n hair, lock
соя	[soya] n shade, shadow
сокол	[soqol] n beard
сог	[sogh] adj healthy, strong
согинмок	[soghinmoq] v be bored, be lonely
соглик	[soghlik'] n healthy
соха	[sokha] n field,
сохил	[sokhil]n shore, bank
стипендия	[stipendiya] n grant, stipend
стол	[stol] n table
студент	[studyent] n student
студия	[studiya] n studio

стул	[stul] n chair
сув	[su:] n water
сувли́	[su:li] adj humid, muggy
суд	[sut] n court, trial
судрамо́қ	[sudramoq] v draw, drew, drawn
сузмо́қ	[suzmoq] v swim, swam, swum
сунъий	[sun"iy] adj artificial, falce
супурги́	[supurgi] n short brush of bound straw
супурмо́қ	[supurmoq] v sweep
сура́т	[surat] n drawing, picture
сурқамо́қ	[surk'amoq] v spread, chafe
сурма́	[surma] n antemony, Sb
сурмо́қ	[surmoq] v dislocate, shift
сурнай	[surnay] n zurna (pipe)
Сурхондарё̈	[surkhandaryo] Surkhandarya river
сусаймо́қ	[susaymoq] v languish, peak, weaken
сут	[sut] n milk
суюқлик	[suyuk'lik'] n fluid, liquid
суяк	[suyak'] n bone
суянмо́қ	[suyanmoq] v lean, leant, leant
суянч	[suyanch] n prop, support
суқлик	[suqlik'] n greed, envy
сугормо́қ	[sughormoq] v irrigate, water
сугориш	[sughorish] n irrigation
сухбат	[sukhbat] n chat, conversation
сўз	[söz] n word, speech

сўзламоқ   [sözlamoq] v say, said, said
сўкинмоқ   [sökinmoq] v swear, swore, sworn
сўкиш   [sökish] n wigging
сўм   [söm] n rouble
сўнг   [söng] postp end, final, after
сўнгги   [söngi] adj last, latest
сўнмоқ   [sönmoq] v go out, die out
сўрамоқ   [söramoq] v ask
сўроқ   [söroq] n question

T

таажжуб   [taadjub] n suprise, astonishment
таасурот   [taasurot] n impression, effect
табиат   [tabiat] n nature, character
табиатшунос   [tabiatshunos] n naturalist
табиб   [tabib] n doctor
табий   [tabiy] adj natural, adv naturally
табрик   [tabrik'] n congratulation
табрикламоқ   [tabrik'lamoq] v congratulate
таваккал   [tavak'k'al'] adv perhaps, maybe
тавба   [tavba] n pity, regret
тавсия   [tafsiya] n recommendation
таг   [tag'] n bottom, ground
тадбир   [tadbir] n cauge, precausion
тадқиқот   [tadqiqot] exploration, research
таёқ   [tayoq] n stick
тажриба   [tadjriba] n experience, experiment

тажрибали   [tadjribali] adj experienced,
scilled
тайёр   [tayyor] adj ready, fit
тайёрламок   [tayyorlamoq] v prepare, make
тайёрлаш   [tayyorlash] n preparation
тайёрлик   [tayyorlik'] n preparedness
тайин   [tayin] adj known, famed
тайинламок   [tayinlamoq] v commit, confide
тайинли   [tayinli] adj certain, definite
таклиф   [tak'lif] n invitation, proposal
такомиллик   [tak'omillik'] perfection
такрор   [tak'ror] repetition
такрорламок   [tak'rorlamoq] v repeat, reiterate
талаб   [tal'ab] n claim, demand
талаба   [tal'aba] n student
талабчанлик   [tal'abchanlik'] n exactions
талай   [talay] adv lots of, much
таламок   [tal'amoq] v despoil, rob
талант   [talant] n talent, dowry
талантли   [talantli] adj talented
талон   [talon] n robbery
талок   [taloq] n divorce
талкин   [talqin] n homily, sermon
талкинчи   [talqinchi] n preacher
тамадди килмок [tamaddi qilmoq] v hors'd oeuvre
тамаки   [tamaki] n tobacco
тамом бўлмок [tamom bolmoq] v end, finish

тамоман	[tamoman] adv wholly
тамға	[tamgha] n mark, omen
тан	[tan] n part, portion
тана	[tana] n body, stature
танбур	[tanbur] n string musical instrument
танга	[tang'a] n coin
тангри	[tang'ri] n God
тандир	[tandir] n furnace
таниш	[tanish] n acquintance, friend
танишмоқ	[tanishmoq] v meet, met, met
танламоқ	[tanlamoq] v choose, chose, chosen
танлаш	[tanlash] n choice, select
тантана	[tantana] n exultation, celebration
танқид	[tanqid] n criticizm
танқидчи	[tanqidci] n critic
таом	[taom] n food, meal
тарамоқ	[taramoq] v brush
тараф	[taraf] n side, direction
тарафдор	[tarafdor] n supporter, follower
тараққиёт	[taraqqiyot] n development, progress
тарбия	[tarbiya] n education
тарбиявий	[tarbiyyaviy] adj educational
тарвуз	[tarvus] n water melon
тарелка	[tarelka] n plate
таржима	[tardjima] n translation
таржимайи хол	[tardjimayi hol] n biography
таржимон	[tardjimon] n translator

тарих	[tarih]	n history, tale
тарихий	[tarihiy]	adj historical
тарихчи	[tarihchi]	n historian
тарози	[tarozi]	n balance
тароқ	[taroq]	n comb, ridge
тарсаки	[tarsaki]	n slap
тартиб	[tartib]	n order,form, obs cipline
тарқалмоқ	[tarqalmoq]	v diverge, differ
тарқатмоқ	[tarqatmoq]	v dispel, disperse
тасаввур	[tasavvur]	n imagination, fancy
тасвир	[tasvir]	n describtion
тасвирий	[tasviriy]	adj imitative
тасдиқ	[tasdiq]	n assertion,confirmation
тасдиқламоқ	[tasdiqlamoq]	v confirm
тасодиф	[tasodif]	n accident, case, suprise
тасодифан	[tasodifan]	adv accidentally, suddenly
татар	[tatar]	n Tatar
Татаристон	[tatariston]	n Tataristan
тахминан	[tahminan]	adv roughly, nearly
тахт	[taht]	n throne
тахта	[tahta]	n board, plank
ташаббус	[tashabbus]	n initiative
ташаббускор	[tashabbusk'or]	initiator
ташаккур	[tashak'kyur]	n gratitude, thank
ташвиш	[tashvish]	n care, concern, trouble
ташимоқ	[tashimoq]	v carry

108

ташкил қилмоқ [tashkil qilmoq] v organize
ташкилий [tashkiliy] adj organization
ташкилот [tashkilot] n organization
ташкилотчи [tashkilotchi] n sponsor, organizer
ташламоқ [tashlamoq] v throw, threw, thrown
ташқари [tashqari] n exterior, outer
ташқи [tashqi] adj outside, external
таъзим [ta"zim] n bow
таъқидламоқ [ta"qidlamoq] v confirm
таълим [ta"lim] n teaching, training
таълимот [ta"limot] n doctrine, teaching
таъминламоқ [ta"minlamoq] v ensure, insure, keep
таъминот [ta"minot] n equip
таъриф [ta"rif] n specification,
performance
таъсир [ta"sir] n influence, authority
таъсирламоқ [ta"sirlamoq] v affect
таъсис қилмоқ [ta"sis qilmoq] v establish, found
тақдир [taqdir] n destiny, fortune, doom
тақиллатмоқ [taqqillamoq] v tap, knock
тақсим [taqsim] n division, parting
тақсимот [taqsimot] n distribution
тагин [taghin] still, else, again
таҳрир [takhrir] n wording, editor
таҳририй [takhririy] adj editorial
теварак [tevarak'] n environs
тегишли [tegishli] adj due, just, becoming

тегмоқ	[tyeg'moq] v concern, regard, touch
тез	[tez] adv fast, swift, rapid
тезлатмоқ	[tezlatmoq] v accelrate, speed up
тезлик	[tezlik'] n quickness, rapidity
текин	[tekin] adj free
текис	[tekis] adj slick, fluent
текислик	[tekislik'] n flat, plain
текшириш	[tek'shirish] n control, check up
текширмоқ	[tek'shirmoq] v control
телевидение	[televidenie] n television
телеграмма	[telegramma] n cable, telegram
телефон	[telefon] n phone, telephone
темир	[temir] n iron
темирчи	[temirchi] n forger, smith
тенг	[teng'] adj equal, even
тенгламоқ	[teng'lamoq] v even, equalige
тенглик	[teng'lik'] n equality, parity
тентак	[tentak'] adj foolish, stupid
тепа	[tepa] n hill, mount
тепмоқ	[tepmoq] v kick
тер	[ter] n sweat, persperation
терак	[terak'] n poplar
тергамоқ	[terg'amoq] v interrogate, question
тергов	[terg'ov] n consequence, effect
тери	[teri] n skin, pelt
терим	[terim] n harvesting, gathering

термоқ	[termoq]	v collect, assemble
терламоқ	[terlamoq]	v perspire, sweat
тескари	[tesk'ari]	inside
тешик	[teshik']	n hole
тешмоқ	[teshmoq]	v make a hole
тизза	[tizza]	n knee, crank, elbow
тизмоқ	[tizmoq]	v string, strung, strung
тийин	[tiyin]	n copeck
тик	[tik']	adj plumb
тикан	[tik'an]	sticker, prickle
тикка	[tikk'a]	adv straight
тикламоқ	[tik'lamoq]	v restore, reconstruct
тикув	[tikuv]	n sewing
тикувчи	[tik'uchi]	n needlewoman, dressmaker
тил	[til]	n language
тилак	[tilak']	n wish
тиламоқ	[tilamoq]	v desire, wish
тиланчи	[tilanchi]	n mendicant, pauper
тилик	[tilik']	n slice
тилла	[till'a]	n gold
тин	[tin]	n breath
тингламоқ	[tinglamoq]	v hear, heard, heard
тингловчи	[tinglovchi]	n listener
тиним	[tinim]	n rest, place, quiet
тиниқ	[tiniq]	adj clear, limpid
тинмай	[tinmay]	adv uninterrupted
тинч	[tinch]	calm, composed, plasid

ТИНЧЛИК	[tinchlik']	n peace
ТИРАЖ	[tiradj]	n circulation
ТИРЖАЙМОҚ	[tirdjaymoq]	v smile
ТИРИК	[tirik']	adj alive, lively
ТИРИКЧИЛИК	[tirik'chilik']	n live, practice
ТИРИШ	[tirish]	n wrinkle
ТИРНОҚ	[tirnoq]	n nail
ТИРНОҚЛАМОҚ	[tirnoqlamoq]	v scrable, claw
ТИРСАК	[tirsak']	n elbow
ТИТРАМОҚ	[titramoq]	v tremble, vibrate
ТИТРОҚ	[titroq]	n awe, shiwer
ТИШ	[tish]	n tooth
ТИШЛАМ	[tishlam]	n morsel
ТИШЛАМОҚ	[tishlamoq]	v nip, savage
ТИҚМОҚ	[tiqmoq]	v stick, stuck, stuck
ТО	[to]	up to
ТОБ	[tob]	n health
ТОВА	[tova]	n frying pan
ТОВАР	[tovar]	n commodity
ТОВОН	[tovon]	n heel
ТОВУС	[tovus]	n peacock
ТОВУШ	[tovush]	n voice, vote
ТОВУҚ	[tovuq]	n hen
ТОЖ	[todj]	n coronet, crown
ТОЖИК	[todjik']	n Tadjik
Тожикистон	[todjikiston]	n Tadjikistan
ТОЗА	[toza]	adj clean, pure

112

тозаламоқ	[tozalamoq] v clean
тозалаш	[tozalash] n scrape
тозалик	[tozalik'] n purity, clarity
тойча	[toycha] n colt, foal
ток	[tok'] n grape
токча	[tokcha] n shelf
тол	[tol] n ocier, willow
толмоқ	[tolmoq] v get tired
том	[tom] n roof
томир	[tomir] n vessel, vein
томон	[tomon] n side, flank
томоша	[tomosha] n spectacle, scene
томошабин	[tomoshabin] n looker, spectator
томоқ	[tomoq] n throat, gizzard
томчи	[tomchi] n drop, globule
томчиламоқ	[tomchilamoq] v dribble, drip
тонг	[tong] n daybreak, dawn
топишмоқ	[topishmoq] n enigma, riddle
топмоқ	[topmoq] vfind, found, found
топширик	[topshiriq] n assignment, task
топширмоқ	[topshirmoq] v detiver, confide
тор	[tor] adj narrow, tight
торлик	[torlik'] n tightless
тормоз	[tormoz] n brake
тор-мор	[tor mor] n defeat, debacle
тортиш	[tortish] n expance, stretch
тортишув	[tortishuv] n contention, dispute

тортмоқ	[tortmoq] v drag out, pull
тотли	[totli] adj sweet
точка	[tochka] n dot, point
тош	[tosh] n stone
Тошкент	[toshkent] n Tashkent
тошбақа	[toshbaqa] n turtle
тошқин	[toshqin] n flood, inandation
тоқат	[toqat] n patience, endurance
тоғ	[togh] n mountain, hill
тоға	[togha] n uncle (by mother)
тоғора	[toghora] n basin
транспорт	[transport] n transport, traffic
туб	[tub] n battom
тувак	[tuvak'] n pot
тугамоқ	[tug'amoq] v end
тугатиш	[tug'atish] n liquidation
тугма	[tug'ma] n button
тугун	[tug'un] n bandle, knot, pack
туёқ	[tuyoq] n hoof
туз	[tuz] n salt
тузалмоқ	[tuzalmoq] v convenience, becover
тузатиш	[tuzatish] n repairing
тузатмоқ	[tuzatmoq] v correct, improve
тузилиш	[tuzilish] n structure, tune
тузламоқ	[tuzlamoq] v brine, pickle
тузлук	[tuzluk'] n salt cellar
тузмоқ	[tuzmoq] v compose, make up

тузо́қ	[tuzoq]	n pitfall, snare
тузувчи́	[tuzuvchi]	n compiler
туймо́қ	[tuymoq]	v pound, pouder
туйғу́	[tuyghu]	n feeling, sentiment
тулки́	[tul'ki]	n fox
тумо́р	[tumor]	n mascot
тумшуқ	[tumshuq]	n beak, nose
тун	[tun]	n night
тунги́	[tungi]	adj nocturnal
туп	[tup]	n shrub
тупро́қ	[tuproq]	n ground, soil
тур	[tur]	n sort, kind
турк	[turk']	n turk
Туркисто́н	[turkiston]	n Turkistan
туркма́н	[turk'man]	n turkman
Туркманисто́н	[turk'maniston]	n Turkmenistan
туркшуносли́к	[turk'shunoslik']	n turkology
турли́	[turli]	afj diverse, different
турмо́қ	[turmoq]	v stand, stood, stood
турму́ш	[turmush]	n life, being
турна́	[turna]	n crane
турп	[turp]	n redish
туртмо́қ	[turtmoq]	v dig, dug, dug
тус	[tus]	n colour, nuance
тутамо́қ	[tutamoq]	v smoke
тутмо́қ	[tutmoq]	v hold, held, held
тутун	[tutun]	n fume, smoke

тутқич	[tutqich]	n handle
туткун	[tutqun]	n prisoner
туфайли	[tufayli]	due to, owing to
тухум	[tuhum]	n egg
туш	[tush]	n dreem, sleep
туш	[tush]	n midday, noon
туширмоқ	[tushirmoq]	v let down
тушмоқ	[tushmoq]	v descent, alight
тушунарли	[tushunarli]	distinctly
тушунмоқ	[tushunmoq]	v understand,
тушунтирмоқ	[tushuntirmoq]	v explain
тушунча	[tushuncha]	n concept, conception
туя	[tuya]	n camel
туғмоқ	[tughmoq]	v bear, bore, borne
тухфа	[tukhfa]	n gift, present
тўй	[toy]	n wedding, marriage
тўймоқ	[toymoq]	v satisfy one's hungry
тўкмоқ	[tök'moq]	v pour
тўла	[tola]	adj full
тўламоқ	[tolamoq]	v pay, paid, paid
тўлдирмоқ	[toldirmoq]	v fillup, fill
тўлов	[tölov]	n payment
тўловчи	[tölovchi]	n payer
тўлқин	[tolqin]	n wave
тўн	[ton]	n robe, wrapper
тўнгак	[töng'ak']	n stub, stumb
тўнкамоқ	[tönk'amoq]	v impeach

116

тўнтариш	[töntarish]	n upheaval
тўнгиз	[tonghiz]	n boar
тўп	[top]	n ball, gun
тўп	[top]	n group, crowd
тўплам	[toplam]	n collection
тўпланиш	[toplanish]	n accumulation
тўпланмоқ	[toplanmoq]	v gather
тўпалон	[töpalon]	n bustle, turmoil
тўппонча	[topponcha]	n pistol, gun
тўр	[tör]	n netting,
тўр	[tör]	n honorary place
тўрт	[tört]	num four
тўртинчи	[törtinchi]	num fourth
тўсатдан	[tösatdan]	suddenly
тўсиқ	[tösiq]	n wall, impediment
тўсмоқ	[tösmoq]	v bar, block up
тўти	[töti]	n parrot
тўфон	[töfon]	n nurricane
тўш	[tösh]	n bosom, breast
тўшак	[töshak']	n matress
тўқимачи	[töqimachi]	n weaver
тўқимоқ	[töqimoq]	v weave, wove,woven
тўқлик	[toqliq]	n fullness
тўқмоқ	[toqmoq]	n hammer
тўқнашув	[toqnashuv]	n collision, conflict
тўқсон	[toqson]	num ninety
тўққиз	[toqqiz]	num nine

тўққизинчи	[toqqizinchi]	num ninth
тўғон	[toghon]	dam, dike
тўграмоқ	[toghramoq]	v cut, cut, cut
тўғри	[toghri]	adj straight
тўғрида	[toghrida]	concerning, about
тўғриликча	[toghrilik'cha]	adv straight, openly

У

у	[u:]	pron he, she, it, that, those
у	[u:]	conj and
у ёки бу	[u yoki bu]	one or another, some, any
уввос	[uvvos]	n sobbing
уввос тортмоқ	[uvvos tortmoq]	v sob
увламоқ	[uvlamoq]	v howl, wail
увол	[uvol]	n damage, detriment, sin
увоқ	[uvoq]	n crumb, chit
увоқламоқ	[uvoqlamoq]	v fritter, mince, crumb
угра	[ugra]	n noodle
уддабуро	[uddaburo]	adj able, capable, deft
уддаламоқ	[uddalamoq]	v cope, look up, inquire
удум	[udum]	n custom, ceremony
узайтирмоқ	[uzajtirmoq]	v elongate
узатмоқ	[uzatmoq]	v stretch, see off, wed
узил-кесил	[uzil kesil]	adv with determination
узмоқ	[uzmoq]	v pick off, cease
узоқ	[uzoq]	adj far, far away, long

118

узоқда	[uzoqda] adv far off, in the distance	
узоқдан	[uzoqdan] adv from far away	
узоқламоқ	[uzoqlamoq] v move away	
узоқлик	[uzoqlik] n distance, range	
узр	[uzr] n apology, exuse	
узра	[uzra] on, over, about	
узук	[uzuk] n ring, coil	
узум	[uzum] n grape	
узумзор	[uzumzor] n vinegrape	
узун	[uzun] adj long, tall	
узунлик	[uzunlik] n length	
уй	[uy] n house, room	
уйланмоқ	[uylanmoq] v espouse, get married	
уймоқ	[uymoq] v add, fold, stow	
уйқу	[uyqu] n dream, sleep	
уйқусирамоқ	[uyqusiramoq] v doze, nap, rave	
уйғониш	[uyghonish] n awakening	
уйғонмоқ	[uyghonmoq] v wake, woke, woken	
уйғотмоқ	[uyghotmoq] v awake, awoke, awaken	
уйғоқ	[uyghoq] adj awake	
уйғур	[uyghur] n Uighur	
ука	[uk'a] n youngest brother	
укол	[ukol] n prick, injection	
Украина	[ukraina] n Ukraine	
уламоқ	[ulamoq] v connect, conjoin	
улар	[ular] pron they (pl of у)	

улашмоқ	[ulashmoq] v dispence, distribute
улгуржи	[ulg'urdji] wholesale
улгурмоқ	[ul'gyurmoq] v have time (for)
улкан	[ul'k'an] adj huge, colossal
улоқ	[uloq] adj associated, bound
улоқтирмоқ	[uloqtirmoq] v chuk, hurl, dash
улус	[ulus] n folk, people
улуг	[ulugh] adj great, senior
улугвор	[ulughvor] adj grand, majestic
улугламоқ	[ulughlamoq] v honour, respect
улфат	[ul'fat] n frend, fellow
ультратовуш	[ul'tratovush] n ultrasound
умид	[umid] n hope, reliance
умр	[umr] n life, age
умрбод	[umrbod] forever
умрдош	[umrdosh] n spouse
умум	[umum] all, whole
умуман	[umuman] adv generally
умумий	[umumij] adj universal, total
умумхалқ	[umumhalq] adj general, public
умуртқа	[umurtqa] n vertebra
ун	[un] n flour, meal
ун	[un] n voice, sound
унамоқ	[unamoq] v agree, concur, concent
унашмоқ	[unashmoq] v betroth
унақа	[unaqa] adv such
унвон	[unvon] n degnity, title

унда́	[unda] there
ундамо́қ	[undamoq] v ask,invite, call
ундириш	[undirish] n levy
ундирмо́қ	[undirmoq] v exact
ундо́в	[undov] n call, appeal
унли́	[unli] adj vowel
унмо́қ	[unmoq] v grow, grew, grown
уну́м	[unum] n crop, yield, harvest
унумдо́р	[unumdor] adj fertile, fecund
унутмо́қ	[unutmoq] v forget,forgot,forgotten
унча́	[uncha] so, thus
упа́	[upa] n flour, powder
уриниш	[urinish] n ado, fuss, racket
уринмо́қ	[urinmoq] v attempty, try
уриш	[urish] n bang, blow, hit, pulsation
уришмо́қ	[urishmoq] v fight, fought, fought
уришқо́қ	[urishqoq] adj pugnacious
урмо́қ	[urmoq] beat, beat, beaten
уру́ш	[urush] n war, warfare
уру́г	[urugh] n seed, gender
уругли́к	[urughlik'] adj seminal
урф	[urf] n custom, rule
ургу́	[urghu] n accent
ускуна́	[usk'una] n equipment, facility
услу́б	[uslub] n diction, style
уст	[ust] n top
уста́	[usta] n craftsman, master

усталик	[ustalik']	n mastery
установка	[ustanovka]	n installation, apparatus
устара	[ustara]	n razor
устахона	[ustahona]	n workshop
устида	[ustida]	on, over
устидан	[ustidan]	over, above, outside
устки	[ustki]	adj upper, overhead
устоз	[ustoz]	n teacher, master
устун	[ustun]	n pillar, colomn
устунлик	[ustunlik']	n superiority, predominance
Уст-Юрт	[ust yurt]	n Ust Yurt desert
усул	[usul]	n expedient, method
уфламок	[uflamoq]	v sigh, moan
уфк	[ufq]	n horizon
ухламок	[uhlamoq]	v sleep, slept, slept
ухлатмок	[uhlatmoq]	v lull
уч	[uch]	n nib, tip
уч	[uch]	num three
учар	[uchar]	adj flying
участка	[uchastk'a]	n sector, site
учбурчак	[uchburchak']	n triangle
учёт	[uchyot]	n calculation
учинчи	[uchinchi]	num third
учиш	[uchish]	n flight
учмок	[uchmoq]	v fly, flew, flown

учратмоқ	[uchratmoq]	v meet, met, met
учрашмоқ	[uchrashmoq]	v forgather
учрашув	[uchrashuv]	n meeting, reception
учувчи	[uchuvchi]	n flyer, pilot
учун	[uchun]	for, to, towards
учқун	[uchqun]	n spark
ушбу	[ushbu]	this, that
ушламоқ	[ushlamoq]	v keep, kept, kept
ушшоқ	[ushshoq]	n name of melody in folk

music

уюшма	[uyushma]	n incorporation, union
уюштирмоқ	[uyushtirmoq]	v amass, assemble
уюштирувчи	[uyushtiruvchi]	n sponsor
уюшқоқлик	[uyushqoqlik']	n cohesion, solidarity
уя	[uya]	n nest, socket
уялмоқ	[uyalmoq]	v hesitate, seraple
уят	[uyat]	n shame, ignominy
уятчанг	[uyatchang]	adj bashful, coy
уқдириш	[uqdirish]	n explanation
уқмоқ	[uqmoq]	v comprehend, realise
уқубат	[uqubat]	n torment, fret
уқув	[uquv]	n understanding

Ф

фабрика	[fabrika]	n factory, mill
фавқулодда	[favqulodda]	adj extreme,

extraordinary

фазилат	[fazil'at] dignity, merit
фазо	[fazo] n space, tract
файз	[fayz] n attraction
файзли	[fayzli] adj attractive
файласуф	[faylasuf] n philosopher
факультет	[fakul'tet] n faculty, department
фалак	[falak'] n heaven, sky
фалокат	[falok'at] n misfortune
фалончи	[falonchi] n so-and-so
фалсафа	[falsafa] n philosophy
фамил чой	[famil choy] n black tea
фан	[fan] n science, knowledge
фан арбоби	[fan arbobi] n scholar, scientist
фаолият	[faoliyat] n activity
фараз	[faraz] n supposition
фарах	[farakh] n joy, mirth
Фаргона	[faghona] n Fergana city
фарёд	[faryod] n yell, cry
фарзанд	[farzand] n baby, child, infant
фаришта	[farishta] n angel
фармон	[farmon] n decree
фаровон	[farovon] adj abundant
фаровонлик	[farovonlik'] n abundance
фарқ	[farq] n difference
фарқламоқ	[farqlamoq] v differentiate
фасл	[fasl] n season
фахр	[fahr] n pride

124

фахрий	[fahriy]	adj honorary
фахрланмок	[fahrlalanmoq]	v be proud of, glory
факат	[faqat]	adv only, but
фахм	[fakhm]	n acuteness, nous
фахмламок	[fakhmlamoq]	v consider
февраль	[fevral']	n February
федерация	[federatsiya]	n federation
ферма	[ferma]	n farm
феъл	[fe"l]	n n nature, character, verb
фидо	[fido]	n victim, offering
фидокорлик	[fidok'orlik']	n selflessness
физик	[fizik]	n physicist
физиолог	[fiziolog]	n physiologist
физкультура	[fizkul'tura]	n athletics
фикр	[fikr]	n idea, mind
фил	[fil]	n elephant
филиал	[filial]	n branch, subsidiary
фирма	[firma]	n firm, business
фирок	[firoq]	n parting, separation
фируза	[firuza]	n turquoise
фожиа	[fodjia]	n tragedy
фожиали	[fodjiali]	adj tragic
фоиз	[foiz]	n per cent
фойда	[foyda]	n advantage, benefit
фойдаланмок	[foydalanmoq]	v make use of, enjoy
фойдали	[foydali]	adj useful, helpful
фоидасиз	[foydasiz]	adj useless

125

фол очмоқ [fol ochmoq] v tell fortunes
форма [forma] n form, shape
форс [fors] n persian
форсий [forsiy] adj persian
фотиҳа [fotikha] n prayer, grace
фотоаппарат [fotoapparat] n camera
фош қилмоқ [fosh qilmoq] v denounce, disclose
француз [frantsuz] n Frenchman
фурсат [fursat] n time
футур [futur] n damage, hurt

Х

хабар [habar] n news, information
хабарламоқ [habarlamoq] v apprise, notify
хавотир [havotir] n uneasy, alert, worry
хавотирланмоқ [havjtirlanmoq] v worry, concern
хавотирли [havotirli] adj restive, troublesome
хавф [havf] n danger, hazard
хавфли [havfli] adj dangerous, hazardous
хаёл [hayol] n fancy, imagination
хазина [hazina] n treasury
хазон [hazon] fall of the leaves
хайр [hayr] n property, good bye
хайрият [hayriyat] adv well, nicely
хайрлашув [hayrlashuv] n farewell, leave-
taking
халақит [halaqit] n handicap, obstacle

халохона	[halohona] n lavatory, toilet
халта	[halta] n bag, pouch
халқ	[halq] n people, nation
халқаро	[halqaro] adj international
хамир	[hamir] n paste, dough
ханжар	[handjar] n dagger
харажат	[haradjat] n outlay, expediture
харид	[harid] n purchase, buying
харид қилмоқ	[harid qilmoq] v buy, bought, bought
харидор	[haridor] n buyer, purchaser
харита	[harita] n map, chart
хароб	[harob] adj ruined
хароблик	[haroblik'] n ruin, breakdown
хас	[has] n dry grass, straw
хасис	[hasis] adj avaricious, stringy
хаста	[hasta] n diseased, ill, sick
хасталик	[hastalik] n diseases, illness
хат	[hat] n letter
хатар	[hatar] n danger
хатарли	[hatarli] adj dangerous
хатна	[hatna] n sircumcision
хато	[hato] n mistake, error
хафа	[hafa] adj sad, sorrowful
хиёбон	[hiyobon] n alley, avenue
хиёнат	[hiyonat] n treason, treachery
хиёнатчи	[hiyonatchi] n traitor
хижолат	[hidjolat] n confusion

хизма́т	[hizmat] n service, job
Хизр	[hizr] n Hyzr prophet
хил	[hil] n outlook, sort
хилма́-хил	[hilma hil] adj various, diverse
хилва́т	[hilvat] adj desolate, uninhabited
хи́мик	[himik] n chemist
хипча́	[hipcha] adj slender, slim, thin
хира́	[hira] adj blear, dingy
хирмо́н	[hirmon] n threshing-floor
хисла́т	[hislat] n atribute, character
хода́	[hoda] n balk, log
ходи́м	[hodim] n hand, worker
хои́н	[hoin] n traitor, contributor
хоканд о́з	[hok'andoz] n trowel, scoap
хол	[hol] n birth mark, mole
хола́	[hola] n aunt (by mother side)
холи́	[holi] adj disengaged, free
холо́с	[holos] adv only, nerely
хом	[hom] adj crude, dank, raw
хон	[hon] n khan, ruler
хона́	[hona] n chamber, room
хони́м	[honim] n lady
хор	[hor] n chorus
хор	[hor] adj trampled
Хора́зм	[horazm] n Khorezm city
хори́жий	[horidjiy] adj foreign
хос	[hos] adj immanent, inherent

хотин	[hotin] n woman, female, wife	
хотира	[hotira] n memory, mind	
хотиржам	[hotirdjam] adj calm, composed	
хох	[hoh] whether ... or	
христиан	[hristyan] n christian	
худбин	[hudbin] n egoist	
худди	[huddi] adv evenas, full, just	
худо	[hudo] n God	
хуллас	[hullas] in short	
хулоса	[hulosa] n amount, conclusion	
хулк	[hul'k] n nature, character	
хум	[hum] n ever, jug	
хунук	[hunuk'] adj incomely	
хуржун	[hurdjun] n khurdjun (bag)	
хурмо	[hurmo] n date	
хуррак	[hurrak'] n snore	
хурсанд	[hursand] adj glad, joyful	
хурсандчилик	[hursandchilik'] n joy, mirth, gaiety	
хусусан	[hususan] adv particularly	
хусусият	[hususiyat] n particulerity, feature	
хуфтон	[hufton] n last evening prayer	
хуш	[hush] adj good	
хуш келибсиз	[hush kelibsiz] welcome	
хушовоз	[hushovoz] adj melodious	
хушхабар	[hushhabar] pleasant news	
хуштор	[hushtor] adj in love, enamoured	
хушфеъл	[hushfe"l] adj good natured, amiable	

хўжайин	[hödjayin] n boss, host
хўжалик	[hödjalik'] n farm, household
хўп	[höp] adv well
хўрламоқ	[horlamoq] v tread, trod, tredden
хўрлик	[hörlik'] n indignity, humiliation
хўроз	[höroz] n rooster, cock
хўш	[hösh] adv dag, well

Ц

центнер	[tsentner] n hundredweight
цех	[tseh] n guild, workshop
цикл	[tsikl] n cycle, round
циклон	[tsiklon] n cyclone
цирк	[tsirk] n circus
циркуль	[tsirkul'] n divider
цистерна	[tsisterna] n cistern, tank
цитата	[tsitata] n citation, quotation
цитрус	[tsitrus] n citrus

Ч

чавандоз	[chavandoz] n equestian
чаён	[chayon] n scorpion
чаймоқ	[chaymoq] v rinse, swill
чайнамоқ	[chaynamoq] v chew, masticate
чайқалмоқ	[chayqalmoq] vbob
чайқов(бозори)	[chayqov bozori] n second-hand bazaar

чала́	[chala]	adj unfinished
чалмо́қ	[chalmoq]	v play
чалғитмо́қ	[calghitmoq]	v abstract
чамадо́н	[chamadon]	n valise, bag
чама́н	[chaman]	n parterre
чана́	[chana]	n sledge, sleigh
чанг	[chang]	n dust, adj dusty
чанга́л	[chang'al']	n claw, paw
чангитмо́қ	[changitmoq]	v raise dust
чано́қ	[chanoq]	n boll of the cotton plant
чанқамо́қ	[chanqamoq]	v covet, crave, thirst
чанги́	[changhi]	n show-shoe
чап	[chap]	adj left, leftist
чапа́к	[chapak']	n applause, cheers
чарчамо́қ	[charchamoq]	v get tired
чато́қ	[chatoq]	adj confused, mazy
чашма́	[chashma]	n spring
чақа́	[chaqa]	n copper coin
чақало́қ	[chaqaloq]	n infant
чақимчи́	[chaqimchi]	n slender, telltale
чақирмо́қ	[chaqirmoq]	vcall, appeal
чақмо́қ	[chaqmoq]	v prick, stick, sting
чаққо́н	[chaqqon]	adj nimble, promt
чегара́	[chegara]	n border
чек	[chek']	n limit, stent
чекламо́қ	[chek'lamoq]	v restrick, limit
чекка́	[chekk'a]	n edge, side

131

чекмоқ	[chek'moq] v smoke
челак	[chelak'] n bucket, pail
черков	[cherk'ov] n church, kirk
чертмоқ	[chertmoq] v click, crack
четламоқ	[chetlamoq] v flee, fled, fled, avoid
чех	[chekh] n Chekh
чечак	[chechak'] n flower, blossom
чехра	[chekhra] n face, image
чигал	[chigal'] adj confused, mazy
чигиртка	[chigirtk'a] n locust, grasshopper
чигит	[chigit] n seed of cotton
чидамоқ	[chidamoq] v tolerate, bear
чизиқ	[chiziq] n feature, line
чизма	[chizma] n draft, design
чизмоқ	[chizmoq] v draw, drew, drawn
чизгич	[chizghich] n rule, ruler
чилдирма	[childirma] n tambourine
чимдим	[chimdim] n pinch
чин	[chin] n truth, sooth
чинакам	[chinak'am] adj proper, real, true
чиниқмоқ	[chiniqmoq] v harden
чинни	[chinni] n porcelaine, china
чинор	[chinor] n platan, plane-tree
чириламоқ	[chirillamoq] v chirp, chirrup
чиримоқ	[chirimoq] v decay, putrefy
чирмашмоқ	[chirmashmoq] v entwine

чиройли	[chiroyli] adj goodlooking, handsome
чироқ	[chiroq] n lamp, light
Чирчиқ	[chirchiq] n Chirchyk river
чит	[chit] n chintz, calico
чиқим	[chiqim] n outlay, costs
чиқиш	[chiqish] n exit, output
чиқмоқ	[chiqmoq] v go out, issue
Чиғатой	[chighatoy] Chighatay the son of
Chenghiz	
чиғир	[chighir] n wheel with ladle
човли	[chovli] n skimmer
чодир	[chodir] n pavilion, tent
чой	[choy] n tea
чойнак	[choynak'] n teapot, kettle
чойхона	[choyhona] n tea-shop
чойчақа	[choychaqa] n tips
чойшаб	[choyshab] n sheet
чол	[chol] n old man
чопмоқ	[chopmoq] v run, ran, run
чопмоқ	[chopmoq] v cut, cut, cut, chop
чопқи	[chopqi] n chaff
чор	[chor] n tsar, tzar
чора	[chora] n gauge
чорак	[chorak'] n quarter, fourth
чорва	[chorva] n cattle, livestock
чорвадор	[chorvador] n cattle breeder
чорпоя	[chorpoya] n pallet

чорси	[chorsi] n crossroad, shawl
чоршанба	[chorshanba] n Wednesday
чочик	[chochiq] n towel
чошгох	[choshg'ogh] n midday
чог	[chogh] n time, moment
чог	[chogh] adj little, small
чог	[chogh] adj merry, satisfied
чумоли	[chumoli] n ant
чумчук	[chumchuk] n sparrow
чунончи	[chunonchi] for example
чучвара	[chuchvara] n dumplings
чукур	[chuqur] n pit, hole
чукурламок	[chuqurlamoq] v deepen
чукурлик	[chuqurlik'] n depth
чўзмок	[chözmoq] v stretch, strain
чўл	[chöl] n prairie, heath
чўлок	[chöloq] adj lame, cripple
Чўлпон	[chölpon] n Venus
чўмилмок	[chömilmoq] v bathe, wash
чўнтак	[chöntak'] n pocket
чўп	[chöp] n sliver, spill
чўпон	[chöpon] n cowboy, shepherd
чўпчак	[chöpchak'] n enigma, fairy tale
чўри	[chöri] n slavea
чўтир	[chötir] adj pock marked
чўчимок	[chöchimoq] v flinch, start
чўчка	[chöchqa] n hog, pig, swine

чўқимоқ	[chöqimoq]	v nibble, peck
чўққи	[chöqqi]	n top, summit, peak

Ш

шабада	[shabada] n breeze, cool
шабнам	[shabnam] n dew
шавкат	[shavk'at] n fame, glory
шайдо	[shaydo] adj charmed
шайламоқ	[shaylamoq] v halloo, set on
шайтон	[shayton] n devil, satan
шайх	[shaykh] n sheich
шайхулислом	[shaykhulislom] n sheich-ul-islam
шакар	[shak'ar] n sugar
шакароб	[shak'arob] n salad from fresh
tomates	
шакл	[shak'l'] n form, shape
шалвирамоқ	[shalviramoq] v dangle
шаллақи	[shallaqi] n shameful, vociferous
шалола	[shalola] n waterfall
шалопламоқ	[shaloplamoq] v flop, splash
шам	[sham] n candle
шамол	[shamol] n wind
шамолламоқ	[shamollamoq] v catch cold
шамс	[shams] n sun
шанба	[shanba] n Saturday
шапалоқ	[shapaloq] n slap

135

шапка́	[shapk'a] n cap, shapka
шар	[shar] n ball
шараф	[sharaf] n honor, glory, kudos
шарафли́	[sharafli] adj honored, glorious
шарақламоқ	[sharaqlamoq] v clatter, thunder
шарбат	[sharbat] juice, sherbet
шариат	[shariat] n rel. code
шарманда́	[sharmanda] n discomfiture, disgrace
шаро́б	[sharob] n wine, spirits
шароит	[sharoit] n conditions, term
шарт	[shart] n condition, proviso
шартаки́	[shartaki] adj sharp, harsh
шартнома́	[shartnoma] contract, agreement
шарқ	[sharq] n east, orient
шарқий	[sharqiy] adj eastern, oriental
шафақ	[shafaq] n dawn
шафтоли	[shaftoli] n peach
шахс	[shahs] n personality, person
шахсан	[shahsan] adv personally
шахсий	[shahsiy] adj individual, personal
шаҳар	[shahar] n town, city
шаҳмат	[shahmat] n chess
шаҳодатнома	[shahodatnoma] witness, sartificate
шева́	[sheva] n dialect, accent
шекилли́	[shekilli] vicibility, apparently
шер	[sher] n lion
шерик	[sherik'] n copartner, companion

шеър	[she"r] n verse, poem
шеърият	[she"riyat] n poetry
шивaламоқ	[shivalamoq] v drizzle
шивирламоқ	[shivirlamoq] v whisper
шиддат	[shiddat] inrush, force
шиддатли	[shiddatli] adj forceful, powerful
шийпон	[shiypon] n terrace on the field
шикаст	[shik'ast] n contision, injury
шикоят	[shik'oyat] n complaint, lament
шилмоқ	[shilmoq] v floece, strip
шим	[shim] n trousers, pants
шимол	[shimol] n North
шимолий	[shimoliy] adj northern
шингил	[shingil] n part, quota
шиор	[shior] n slogan, motto
шиппак	[shippak'] slippers
шира	[shira] n juice,
ширин	[shirin] adj adj sugary, sweet
ширинлик	[shirinlik'] n honey, sweet
ширкат	[shirk'at] n company, partnership
шифо	[shifo] n recovery
шифо топмоқ	[shifo topmoq] v recover, convenience
шифохона	[shifohona] n hospital
шиш	[shish] n tumour, swelling
шиша	[shisha] n glass, bottle
шишмоқ	[shishmoq] v swell, swelled, swellen
шкаф	[shkaf] n closet, cupboard

ШОВ-ШУВ	[shov shuv]	n noise, clamour
ШОВҚИН	[shofqin]	n outcry, shout
ШОВҚИН СОЛМОҚ	[shofqin solmoq]	v cry, shout
ШОВҚИНЛИ	[shofqinli]	adj noisy
ШОГИРД	[shogirt]	n apprentice, pupil
ШОД	[shot]	adj glad, joyful
ШОДЛИК	[shodlik']	n joy, mirth
ШОИР	[shoir]	n poet
ШОИЙ	[shoiy]	n silk
ШОЛИ	[sholi]	n rice
ШОЛИПОЯ	[sholipoya]	n rice plant
ШОЛҒОМ	[sholghom]	n turnip
ШОМ	[shom]	evening prayer
ШОН	[shon]	n honor
ШОНЛИ	[shonli]	adj glorious, valiant
ШОФЁР	[shofyor]	n chauffeur, driver
ШОХ	[shoh]	n branch, limb, horn
ШОШИЛИШ	[shoshilish]	n hurry
ШОШИЛМОҚ	[shoshilmoq]	v speed, sped, sped
ШОҚ	[shokh]	n check, king
ШТРАФ	[shtraf]	n penalty, forfeit
ШУ	[shu]	it, this
ШУ БИЛАН БИРГА	[shu bilan birga]	also, however
ШУ ЙИЛ	[shu yil]	this year
ШУ МАҚСАДДА	[shu maqsadda]	for this purpose
ШУ САБАБЛИ	[shu sababli]	for this reason
ШУБҲА	[shubkha]	n doubt, distrust

шум	[shum] adj naughty, insidious
шундай	[shunday] so, thus
шунча	[shuncha] as much, so much
шуъла	[shu"la] light, shine
шухрат	[shuhrat] n fame, glory, renown
шўр	[shör] adj briny, salty
шўрва	[shörva] n soup, brouth
шўро	[shöro] n soviet
шўх	[shokh] adj maughty, mischievous
шўхлик	[shokhlik'] n caper, frolic, prauk

э

эвара	[evara] n great grandchild
эга	[ega] n holder, owner
эгалик	[egalik'] n enjoyment, posession
эгалламоқ	[egallamoq] v seize, occupy
эгар	[egar] n saddle
эгарламоқ	[egarlamoq] v saddle
эгат	[egat] n furrow
эгизак	[egizak'] twin
эгмоқ	[egmoq] v bend, bent, bent
эгов	[egov] n file
эговламоқ	[egovlamoq] v saw, sawed, sawn
эгри	[egri] adj crooked, slanting
эзма	[ezma] adj twaddle, froth
эзмалик	[ezmalik'] n garrulity, talkativoness
эзмоқ	[ezmoq] v crush, press, crumple

экин [ekin] n sowing

экинзор [ekinzor] n field, plantation

экмоқ [ek'moq] v sow, sowed, sown

эл [el'] n people, men, tribe, gender

элак [el'ak'] n sieve

эламоқ [el'amoq] v sift, bolt, screen

электростанция [elektrostantsiya] electric power station

эллик [el'lik'] num fifty

эллигинчи [el'liginchi] num fiftieth

элтмоқ [el'tmoq] v carry

элчи [el'chi] n ambassador

элчихона [el'chihona] n embassy

эман [eman] n oak

эмас [emas] **мен эмас** - not me

эмигрант [emigrant] n refugee, emigrant

эмизмоқ [emizmoq] v suckle

эмламоқ [emlamoq] v inoculate, graft

эммоқ [emmoq] v suck

эмоқ [emoq] verb be, was

эмчак [emchak'] n bosom, breast, adder, cheast

эн [en] n breadth, width

эна [ena] n mother, grandmother

энг [eng'] the most

энгашмоқ [eng'ashmoq] v decline

энди [endi] now, presently

энли	[enli] adj broad, wide	
энса	[ensa] n nape	
энсам қотди	[ensam qotdi] v warp	
энтикмоқ	[entik'moq] sigh	
эпламоқ	[eplamoq] v cope, inquire, look up	
эпчил	[epchil] adj artful, skilful	
эпчиллик	[epchillik'] n ability, skill	
эр	[er] n husband	
эргашмоқ	[erg'ashmoq] v go, went, gone	
эримоқ	[erimoq] v melt, thaw	
эринмоқ	[erinmoq] v idle	
эринчак	[erinchak'] adj lazy, idle	
эришмоқ	[erishmoq] v pull off	
эрк	[erk'] will, freedom	
эркак	[erk'ak'] nmale, man, cock	
эрка	[erk'a] n pet, favorite	
эркалатмоқ	[erk'alatmoq] v pet, spoil	
эркин	[erkin] adj free, independent	
Эрон	[eron] n Iran	
эрта	[erta] adv early, tomorrow	
эртак	[ertak'] n fairy-tale	
эрталаб	[ertalab] adv in the morning	
эс	[es] n memory, mind	
эса	[esa] postp and	
эсдалик	[estalik'] n recollection, memory	
эсиз	[esiz] pity, be sorry	
эски	[eski] adj old, used	

эскирмоқ	[eskirmoq]	v stale
эскича	[eskicha]	adj dowdy, old-fashioned
эсламоқ	[eslamoq]	v remember, recall
эсли	[esli]	adj brainy, clever, cute
эсмоқ	[esmoq]	v winnow, fan
эснамоқ	[esnamoq]	v yawn, gape
эсноқ	[esnoq]	n yawn
эсон	[eson]	adj healthy
Эстония	[estoniya]	n Estonia
эт	[et]	n meat, flesh
этак	[etak']	n lap, flap
этик	[etik']	n boots
эчки	[echki]	n goat
эшак	[eshak']	n donkey
эшик	[eshik']	n door
эшитмоқ	[eshitmoq]	v hear, heard, heard
эшиттириш	[eshittirish]	n broadcast
эшитувчи	[eshituvchi]	n listener
эшкак	[eshk'ak']	n oar, paddle
эшмоқ	[eshmoq]	v twist, twine
эълон	[e"lon]	n declaration, notice
эътибор	[e"tibor]	attention, authority
эътироз	[e"tiroz]	n objection, protest
эътиқод	[e"tiqod]	n belief, persuation
эхром	[ekhrom]	n pyramid
эхтиёж	[ekhtiyodj]	n want, necessity
эхтиёт	[ekhtiyot]	n caution, prudence

эхтимол [ekhtimol] adv probably
эхтиром [ekhtirom] n kudos, respect
эхтиромли [ekhtiromli] adj estimable
эхтирос [ekhtiros] n passion

Ю

ю [yu] and (conj after a vowel)
юбилей [yubiley] n jubilee, anniversary
юбормоқ [yubormoq] v send, sent, sent
ювинмоқ [yuvinmoq] v wash
ювмоқ [yuvmoq] v lave, spong, wash
ювош [yuvosh] adj quiet
югурмоқ [yugurmoq] v run, ran, run
югуриш [yugyurish] n running about scurry
югурувчи [yugyuruvchi] n runner
юз [yuz] n face
юз [yuz] num hundred
юзинчи [yuzinchi] num hundredth
юк [yuk'] n cargo, load, baggage
юкламоқ [yuk'lamoq] v lade, laded, laden
юксак [yuk'sak'] adj high
юксалиш [yuk'salish] n rise, eminence
юлдуз [yulduz] n star
юлмоқ [yulmoq] v pull up
юмаламоқ [yumalamoq] v roll
юмалоқ [yumaloq] adj circular, round
юммоқ [yummoq] v close, shut off

юмуш	[yumush] n work, job
юмуқ	[yumuq] adj closed
юмшоқ	[yumshoq] adj gentle, soft
юмшоқлик	[yumshoqlik'] n gentleness, clemency
юнон	[yunon] n Greek
юпатмоқ	[yupatmoq] v console, solace
юпқа	[yupqa] adj thin, slender
юрак	[yurak'] n heart
юриш	[yurish] n walk, ride, drive
юрмоқ	[yurmoq] v go, went, gone
юрт	[yurt] n country, motherland
ютмоқ	[yutmoq] v gulp, swallow
ютум	[yutum] n sip, swallow
ютуқ	[yutuq] n achivment, succes
ютқазиш	[yutqazish] n loss
ютқизмоқ	[yutqizmoq] v lose, lost, lost
юқмоқ	[yuqmoq] v molest, cling
юқори	[yuqori] n top, head
юқорига	[yuqoriga] up, upstairs
юқорида	[yuqorida] overhead
юқумли	[yuqumli] adj infectious

Я

яйлов	[yaylov] n pasture, grass
яйрамоқ	[yayramoq] v enjoy, delight
якдиллик	[yakdillik'] n unanimity, solidarity
якка	[yak'k'a] n one, sole

144

якун	[yak'un] n amount, sum
якшанба	[yak'shanba] n Sunday
яламоқ	[yalamoq] v lick
ялангоч	[yalanghoch] adj naked, bare
ялинмоқ	[yalinmoq] v entreat, pray, crave
ялла	[yalla] n song, ditty
ялпиз	[yalpiz] ment, peppermint
ялпоқ	[yalpoq] adj flax, plane
ялтирамоқ	[yaltiramoq] v glint, glitter
ялқов	[yalqov] adj slacker, idler
ямамоқ	[yamamoq] v clout, cobble
ямоқ	[yamoq] n patch
ям-яшил	[yamyashil] adj light green
яна	[yana] adv still, else, again
янаги	[yanagi] adv incoming
январь	[yanvar'] n January
янга	[yang'a] n the wife of oldest brother
янги	[yangi] adj new
янгилик	[yangilik'] n news, novelty
янгича	[yangicha] in a new way, anew
янглиш	[yanglish] n delusion, aberration
янглишмоқ	[yanglishmoq] v mistake, mistook, mistaken
янграмоқ	[yangramoq] v clink, sound
янчмоқ	[yanchmoq] v pound, powder
япроқ	[yaproq] n leaf, sheet

яра́	[yara]	n injury, wound
ярадо́р	[yarador]	adj wounded
ярама́с	[yaramas]	adj unfit, ineligible
ярамо́қ	[yaramoq]	v fit, suit
ярашиш	[yarashish]	n truce
ярашмо́қ сизга́	[yarashmoq sizga]	this suits you
яри́м, ярми́	[yarim, yarmi]	n half
яри́м кеча́	[yarimkecha]	n midnight
яри́м кун	[yarimk'un]	midday, noon
я́рмарка	[yarmark'a]	fair
яро́ғ	[yarogh]	n weapon
яроғхона́	[yaroghhona]	n armory, arsenal
ясамо́қ	[yasamoq]	v patch up
ях	[yakh]	n ice
яхламо́қ	[yakhlamoq]	v freeze, frose, frosen
яхна́ чой	[yakhna choy]	n ice tea
яхши́	[yakhshi]	adj good, kindless
яхшили́к	[yakhshilik']	n goodness, kindness
яшамо́қ	[yashamoq]	v dwell, inhabit
яшаси́н	[yashasin]	n long live
яши́н	[yashin]	n lighting, zipper
яши́рин	[yashirin]	adj clandestine, covert
яши́рмоқ	[yashirmoq]	v cover up, stow away
яъни́	[ya"ni]	that, namely
яқи́н	[yaqin]	adj near by, intimate
Яқи́н Шарқ	[yaqin sharq]	n Middle East
яқинда́	[yaqinda]	adv lately, recently

яқинлашмоқ	[yaqinlashmoq]	v approach
яқинлик	[yaqinlik']	n intimacy, affinity
яхудий	[yakhudiy]	n jew, hebrew

Ў

ўгай	[ög'ay]	adj step...
ўгит	[ögit]	n edification
ўжарлик	[ödjarlik]	n obstinacy, pertinacity
ўз	[öz]	pron self, own
ўзаро	[özaro]	mutual, among themselves
ўзбек	[ozbek]	n Uzbek
Ўзбекистон	[özbekiston]	n Uzbekistan
ўзбекча	[özbekcha]	adj uzbek
ўзбошимчалик	[özboshimchalik]	n wilfulness
ўзга	[özg'a]	adj other, alien, strange
ўзгариш	[özg'arish]	n change, reversal
ўзгармоқ	[özg'armoq]	v vary
ўзгартирмоқ	[özg'artirmoq]	v change, truck
ўзимники	[özimniki]	pron mine
ўзингизники	[özingizniki]	pron yours
ўзлаштирмоқ	[özlashtirmoq]	v assimilate, cope
ўзмоқ	[özmoq]	v outstrip, outrun
ўй	[öy]	n idea, mind
ўйин	[oyin]	n game, play
ўйинчоқ	[oyinchoq]	n toy, plaything
ўйламоқ	[oylamoq]	v think, thought, thought
ўйнамоқ	[oynamoq]	v sport

ўйнаш	[oynash] n lover, paramour
ўйчан	[oychan] adj thoughtful
ўкинмоқ	[ökinmoq] v rue, deplore, regret
ўкинч	[ökinch] n pity, regret
ўлдирмоқ	[öldirmoq] v kill, murder
ўлжа	[öl'dja] n loot, prey, booty
ўлик	[ölik'] n corpse, dead body
ўлим	[ölim] n death, end, grave
ўлмас	[öl'mas] adj deadthless, immortal
ўлмоқ	[öl'moq] v die, expire, perish
ўлчагич	[öl'chaghich] n gauge
ўлчамоқ	[öl'chamoq] v measure
ўлчаш	[öl'chash] n dimension
ўн	[on] num ten
ўнг	[öng'] adj right, top, head
ўнинчи	[oninchi] num tenth
ўнгай	[öng'ay] adj comfartable, easy
ўпирилмоқ	[öpirilmoq] v flop
ўпиш	[öpish] n kiss
ўпка	[öpk'a] n lung
ўпкаламоқ	[öpk'alamoq] v huff, resent
ўпмоқ	[öpmoq] v kiss
ўра	[öra] n pit, hole
ўрамоқ	[öramoq] v coil
ўрганиш	[örg'anish] n study
ўрганмоқ	[örg'anmoq] v study
ўргатмоқ	[org'atmoq] v teach, tought, tought

ўргилай	[örgilay] adj lovable, honey, cluck
ўргимчак	[örgimchak'] n spider
ўрда	[örda] n horde
ўрдак	[ördak'] n duck, canard
ўрик	[örik'] n apricot
ўрим	[örim] n harvest, reaping
ўрин	[örin] n place, seat
ўринбосар	[orinbosar] n substitute, deputy
ўриндик	[orindiq] n chair, seat
ўринли	[orinli] adj relevant, pertinent
ўрис	[oris] n russian
ўрисча	[orischa] adj russian
ўркач	[örk'ach] n hump
ўрмаламок	[örmalamoq] v creep, crept, crept
ўрмон	[örmon] n forest
ўрмок	[örmoq] v braid, plait
ўрнак	[örnak'] n sample, example
ўрнатмок	[örnatmoq] v establish, erect
ўрнашмок	[örnashmoq] v allocate, put
ўрок	[öroq] n reaping-hook
ўрта	[örta] n mean, medium, middle
Ўрта Осиё	[örta osiyo] n Central Asia
ўртача	[örtacha] adv average
ўрток	[örtoq] n companion, comrade
ўртоклик	[örtoqlik'] n frendship
ўсимлик	[ösimlik'] n herb, plant
ўсмир	[ösmir] n teenager

ўсмоқ	[ösmoq] v grow, grew, grown
ўспирин	[öspirin] youngster, youth
ўстирмоқ	[östirmoq] v grow
ўт	[ot] n fire
ўт	[öt] n grass
ўтамоқ	[ötamoq] v weed
ўтар	[ötar] n herd, flock
ўтган	[otk'an] adj past
ўтин	[ötin] n firewood
ўтириш	[ötirish] n company, party
ўтирмоқ	[ötirmoq] v sit
ўтиш жой	[ötish djoy] n crossing
ўтказмоқ	[ötk'azmoq] v let, pass
ўткинчи	[ötkinchi] n passer-by
ўткир	[ötkir] adj sharp
ўтли	[ötli] adj fiery
ўтлоқ	[ötloq] n pasture
ўтмас	[ötmas] adj blant
ўтмоқ	[ötmoq] v pass, go
ўттиз	[öttiz] num thirty
ўттизинчи	[öttizinchi] num thirth
ўтқазмоқ	[ötqazmoq] v seat
ўхшамоқ	[ökhshamoq] v look like
ўхшатмоқ	[ökhshatmoq] v compare(with)
ўхшаш	[ökhshash] adj similar
ўч	[öch] n vengeance, revenge
ўчирмоқ	[öchirmoq] v extinquish, put out

150

ўчмоқ	[ỏchmoq] v go out
ўчоғ	[ỏchoq] n heatch
ўша	[ỏsha] pron that
ўқ	[oq] n arrow, bullet
ўқимоқ	[ỏqimoq] v read, study
ўқитмоқ	[ỏqitmoq] v teach
ўқитувчи	[ỏqituchi] n teacher
ўқиш	[ỏqish] n reading, studies
ўқраймоқ	[ỏqraymoq] stare (at)
ўқувчи	[ỏquvchi] n pupil, reader
ўғил	[ỏghil] n son
ўғирламоқ	[ỏghirlamoq] v steal
ўғирлик	[ỏghirlik'] n stealing
ўғит	[ỏghit] n fertilizer
ўғри	[ỏghri] n thief

Қ

қабр	[qabr] n tomb, grave
қабул	[qabul] n acceptance, reception
қабулхона	[qabulhona] n salon, waiting-room
қават	[qavat] n bed, flake
қавс	[qavs] n brace, Sagitarius
қадам	[qadam] n step, pace
қадар	[qadar] postp up to, until, as far as
қадим	[qadim] adj ancient, old, antiquity
қадимдан	[qadimdan] adv since, olden times

қадоқ	[qadoq] n pound
қадоқламоқ	[qadoqlamoq] v weight out
қадр	[qadr] n value, dignity
қадрдон	[qadrdon] adj intimate, close
қаерга	[qayerg'a] where to, whither
қаердан	[qayerdan] where from
қазимоқ	[qazimoq] v dig, excavate
қазишма	[qazishma] excavations
қазо	[qazo] n death, desease
қазувчи	[qazuvchi] n navvy
қай	[qay] which, what
қайд қилмоқ	[qayd qilmoq] v note, register
қайин	[qayin] n birch
қайирмоқ	[qayirmoq] v unscrew
қайиқ	[qayiq] n boat
қайиқчи	[qayiqchi] n boatman
қаймоқ	[qaymoq] n cream
қайнамоқ	[qaynamoq] v boil
қайнана	[qaynana] n mother-in-law
қайната	[qaynata] n father-in-law
қайноқ	[qaynoq] adj boiling
қайрамоқ	[qayramoq] v sharpen, set on
қайсар	[qaysar] adj obstinate, stubborn
қайси	[qaysi] who, which one
қайта	[qayta] adv again, anew
қайтага	[qaytag'a] on the contrary
қайтариқ	[qaytariq] n repetition

қайтармоқ	[qaytarmoq] v return, give back, repeat
қайтмоқ	[qaytmoq] v return
қайчи	[qaychi] n scissors
қайғу	[qayghu] n grief, distress
қалайсиз?	[qalaysiz] How are you doing?
қалам	[qalam] n pencil, pen
қаламдон	[qalamdon] n pencil-box
қалампир	[qalampir] n red pepper
қаламтарош	[qalamtarosh] n penknife
қалб	[qalb] n heart
қалбаки	[qalbaki] adj false, hypocritical
қалдирамоқ	[qaldiramoq] v thunder, crash
қалдирғоч	[qaldirghoch] n swallow
қалин	[qalin] adj thick, stoat, dense
қалинлик	[qalinlik'] n thickness, density
қаллиқ	[qalliq] n bride, , bride-groom
қалпоқ	[qalpoq] n cap
қалтирамоқ	[qaltiramoq] v tremble, shiver
қалъа	[qal"a] n fortress, castle
қалқон	[qalqon] n shield
қамал	[qamal] n blockade
қамамоқ	[qamamoq] v arrest
қамиш	[qamysh] n reed, cane
қамоқхона	[qamoqhona] n prison, jail
қамчи	[qamchi] n knout, whip
қанақа	[qanaqa] what, which

қанд	[qand] n sugar	
қандай	[qanday] how, which, what	
қандил	[qandl] n chandalier, oil lamp	
қаноатланмоқ	[qanoatlanmoq] v be satisfied	
қанор	[qanor] n sack for storing cotton	
қанот	[qanot] n wing, fender	
қанча	[qancha] how many, how much	
қанчага	[qanchag'a] up to how much	
қарамоқ	[qaramoq] v look, take care of	
қараш	[qarash] n opinion, outlok	
қарағай	[qaraghay] n pine	
қардош	[qardosh] n brother	
қарз	[qarz] n loan, debt	
қарздор	[qarzdor] n debtor	
қари	[qari] n old man	
қарилик	[qarilik'] n old age	
қаримоқ	[qarimoq] v get old, get on	
қариндош	[qarindosh] n connection, relative	
қарич	[qarich] n n perch, rod	
қармоқ	[qarmoq] n rod	
қарор	[qaror] n decision, resolution	
қароргоҳ	[qarorg'ohk] n stand, residence	
қароқчи	[qaroqchi] n robber	
қарсак	[qarsak'] n clap, applause	
қарши	[qarshi] postp against, opposite to	
қаршиламоқ	[qarshilamoq] v meet, met, met	
қарға	[qargha] n crow	

154

қарғамоқ	[qarghamoq] v curse, damn, execrate
қарғиш	[qarghish] n curse, damination
қасам	[qasam] n oath, vow
қасд	[qasd] n design, intent
қасида	[qasida] n ode
қасос	[qasos] n revenge, vengeance
қаср	[qasr] n palace, castle
қассоб	[qassob] n butcher
қат	[qat] n layer, stratum
қатиқ	[qatiq] n buttermilk
қатнамоқ	[qatnamoq] v ply,
қатнашмоқ	[qatnashmoq] v participate, attend
қатнашувчи	[qatnashuvchi] n participant
қатор	[qator] n row, number
қаторлашмоқ	[qatorlashmoq] v drow up, marshal
қатра	[qatra] n drop, globule, iota
қаттиқ	[qattiq] adj hard, firm, rugged
қатъий	[qat"iy] adj definite, absolute
қафас	[qafas] n cage, hutch, cell
қачон	[qachon] when
қашимоқ	[qashimoq] v itch
Қашқадарё	[qashqadaryo] n Kashka Darya river
қашшоқлик	[qashoqlik'] n poverty, want
Қашқар	[qashghar] Kashgar
қахва	[qakhva] n coffee
қахвахона	[qakhvahona] n cafeteria
қахр	[qahr] anger, ire, fury

қаҳрамон [qakhramon] n hero
қаҳрамонлик [qakhramonlik'] n heroism
қидириш [qidirish] n exploration, research
қидирмоқ [qidirmoq] v look for, seek
қиём [qiyom] n jam, preserve
қиёмат [qiyomat] n
қиёфа [qiyofa] guise, physiognomy
қиз [qiz] n girl, daughter
қизармоқ [qizarmoq] v redden, crimson
қиздирмоқ [qizdirmoq] v heat
қизил [qizil] adj red, red-hot
қизилча [qizilcha] n beet
қизиқ [qiziq] adj interesting,odd
қизиқиш [qiziqish] n interest, mash
Қизилқум [qizilqum] n Kyzylkum
қизиқчи [qiziqchi] n clown
қизғанмоқ [qizghanmoq] v jealous, be greedy
қизғанчиқ [qizghanchiq] n green-eyed, stingy
қизғин [qizghin] adj hot, turbulent
қийин [qyin] adj difficult
қийинлик [qyinlik'] n difficulty
қийма [qyiyma] n ground, stuffing
қиймат [qyimat] n cost, worth
қиймоқ [qyimoq] v cut,cut,cut
қийнамоқ [qyinamoq] v rankle, victimize
қийноқ [qyinoq] n torment,fret, moil
қий-чув [qyi chuv] n noise, clash, up roar

қийшиқ	[qyishiq] adj crooked, hooked
қийқим	[qyiqim] n clout, strip
қийқириқ	[qyiqiriq] n outcry, shout
қийқирмоқ	[qyiqirmoq] v cry, shout
қил	[qil] n filament
қилич	[qilich] n sabre, sword
қилиқ	[qiliq] n act, action, deed
қилмоқ	[qilmoq] v do, did, done
қимирламоқ	[qimirlamoq] v move, stir
қиммат	[qimmat] adj value, price, esteem
қимматбаҳо	[qimmatbakho] adj valuable, precious
қимматчилик	[qimmatchilik'] n high prices
қимор	[qimor] n hazard
қин	[qin] n scabbard
қингир	[qinghir] adj crooked
қир	[qir] n height, hill
қирол	[qirol] n king
қирра	[qirra] n rib, border, brink
қирқ	[qirq] num forty
қирқинчи	[qirqinchi] num fortieth
қирқмоқ	[qirqmoq] v cut off
қиргиз	[qirghiz] n Kirghyz
Қиргизстон	[qirghiziston] n Kirghyzistan
қиргин	[qirghin] massacre
қиргич	[qirghich] n grater
қиргоқ	[qirghoq] n shore, coast
қисм	[qism] n part, portion

157

қисмат	[qismat]	n destiny, fate
қисмоқ	[qismoq]	v crush, press
қисса	[qissa]	n story
қистамоқ	[qistamoq]	v force, compel
қистирмоқ	[qistirmoq]	v grip, clasp
қисқа	[qisqa]	adj short
қисқача	[briefly, laconic
қисқич	[qisqich]	n forceps, pincers
қисқичбақа	[qisqichbaqa]	n crawfish
қитиқламоқ	[qitiqlamoq]	v tickle, titillate
қиттак	[qittak']	just a little
қитъа	[qit"a]	n continent
қичимоқ	[qichimoq]	v itch
қичқирмоқ	[qichqirmoq]	v cry, sing out
қиш	[qish]	n winter
қишлоқ	[qishloq]	n village
қишлоқ хўжалик	[qishloq khodjalik']	n agriculture
Қобил	[qobil]	n Kabul
қобилият	[qobiliyat]	n ability, capability
қовоқ	[qovoq]	n pumpkin, squash
қовун	[qovun]	n melon
қовурмоқ	[qovurmoq]	v broil,grill
қозиқ	[qoziq]	n picket, stake
Қозоғистон	[qozoqiston]	n Kazakhstan
қозоқ	[qozoq]	n Kazakh
қозон	[qozon]	n boiler, cauldron
Қозон	[qozon]	n Kazan (city)

қоида	[qoida] n rule, principle
қолмоқ	[qolmoq] v remain
қолоқ	[qoloq] adj backward
қомат	[qomat] n stature, figure
қон	[qon] n blood
қонун	[qonun] n law, code of laws
қонуний	[qonuniy] adj lawful, legal
қоп	[qop] n sack, bag
қопламоқ	[qoplamoq] cover, span
қопқон	[qopqon] n gin, mantrap
қопқоқ	[qopqoq] n lid, cap
қор	[qor] n snow
қора	[qora] adj black
қораймоқ	[qoraymoq] v blacken, laur
қорамол	[qoramol] n cattle, stock
Қора денгиз	[qora dengiz] n Black Sea
Қорақалпоқистон	[qoraqolpoqiston] Karakalpakistan
Қорақум	[qoraqum] Karakum
қорин	[qorin] n stomach, belly
қоровул	[qorovul] n sintry, watchman
қоронги	[qoronghi] adj dark
қоронгилик	[qoronghilik'] n darkness
қотмоқ	[qotmoq] v fix
қочмоқ	[qochmoq] v run, flee, escape, avoid
қочқин	[qochqin] n runaway, fugitive
қош	[qosh] eyebrow
қошиқ	[qoshiq] n spoon

қоя	[qoya] n rock
қоқилмоқ	[qoqilmoq] v falter, hummer
қоқмоқ	[qoqmoq] v knock out, drive out
қоғоз	[qoghoz] n paper
қувват	[quvvat] n force, power
қувватламоқ	[quvvatlamoq] v intensify, increase
қувмоқ	[quvmoq] v course, pursue
қувнамоқ	[quvnamoq] v rejoice
қувноқ	[quvnoq] adj glad, joyful
қувонч	[quvonch] n gladness
қудрат	[qudrat] n power, strenght
қудратли	[qudratli]] adj powerful, strenghtful
қудуқ	[quduq] n well, shaft
қуён	[quyon] n hare, rabbit
қуёш	[quyosh] n sun
қуйи	[quyi] space below, lower
қуйидаги	[quyidagi] adj following, segment
қуймоқ	[quymoq] v pour, pour out
қул	[qul] n slave
қулай	[qulay] adj comfortable, easy
қулоқ	[quloq] n ear
қулупнай	[qulupnay] n strawberry
қулф	[qulf] n lock
қум	[qum] n sand
қумлик	[qumlik'] n sandy ground
қурбон	[qurbon] n sacrifice
қурилиш	[qurilish] n building, construction

160

қуримоқ	[qurimoq] v dry, fade
қурмоқ	[qurmoq] v build, built, built
қурол	[qurol] n weapon
қуролланмоқ	[qurollanmoq] v take up arms
қурт	[qurt] n caterpillar
қурултой	[qurultoy] n congress, convention
қуруқ	[quruq] adj dry, dried, empty
қуруқлик	[quruqlik'] n earth
қутб	[qutb] n pole
қути	[quti] n case, box
қутламоқ	[qutlamoq] v congratulate, felicitate
қутлуг	[qutlugh] adj blissful, happy
қутулмоқ	[qutulmoq] v get off, disenchant
қутқармоқ	[qutqarmoq] v emancipate, liberate
қучоқ	[quchoq] n embrace, armful
қуш	[qush] n bird
қуюқ	[quyuq] adj dense, mellow
қўзи	[qozi] n lamb
қўзичоқ	[qozichoq] n lamb (demin)
қўзиқорин	[qoziqorin] n mushroom
қўзгамоқ	[qozghamoq] v renew
қўй	[qoy] n sheep, ram
қўймоқ	[qoymoq] v put, put, put
қўл	[qol] n arm, hand
қўлланма	[qollanma] n direction, handbook
қўлтиқ	[qoltiq] n armpit
қўлтиқламоқ	[qoltiqlamoq] v support, keep up

қўнмоқ	[qönmoq]	v emplane
қўнгиз	[qonghiz]	n beetle, bug
қўнгироқ	[qonghiroq]	n bell, harebell
қўпол	[qöpol]	adj clumsy, gauche
қўриқ	[qöriq]	n virgin land
қўрқинч	[qörqinch]	n fear
қўрқинчли	[qörqinchli]	adj frighful, fearful
қўрқмоқ	[qörqmoq]	v be afraid, fear
қўрқоқ	[qorqoq]	cowardli, yellow
қўрғон	[qorghon]	n fortress, redoubt
қўрғошин	[qörghoshin]	n lead
қўш	[qösh]	binary, pair
қўшимча	[qöshimcha]	n supplement
қўшиқ	[qoshiq]	n song, folksong
қўшма	[qöshma]	adj unaited, joint
қўшмоқ	[qoshmoq]	v connect, incorporate
қўшни	[qoshni]	n neighbor
қўққисдан	[qöqisdan]	adv suddenly
қўғирчоқ	[qöghirchoq]	n doll

F

ғажимоқ	[ghadjimoq]	v crunch, gnaw
ғазаб	[ghazab]	n anger, ire
ғазабланмоқ	[ghazablanmoq]	v irritate, angry
ғайрат	[ghayrat]	n energy, effort
ғалаба	[ghalaba]	n victory, triumph
ғалати	[ghalaty]	adj uncommon, unusual

галва́	[ghalva] n fracal, quarrel
галви́р	[ghalvir] n riddle, sieve
галла́	[ghalla] n corn, grain
галлако́р	[ghallakor] n grain-grower
галта́к	[ghaltak'] n reel, spool
гам	[gham] n sorrow, wrench
гамги́н	[ghamghin] adj sad, melancholy
гамхӯрли́к	[ghamkhorlik'] n sensitiveness
ганима́т	[ghanimat] n loot, booty, gain
гарб	[gharb] n occident, west
гарби́й	[gharbiy] adj occidental, western
гаш	[ghash] n irritation
гижжа́к	[ghidjak'] musical instrument like violin
гижи́м	[ghidjim] adj crumple, wrinkle
гижимламо́к	[ghidjimlamoq] v crumple, rumple
гийба́т	[ghiybat] n slander
гилдира́к	[ghildirak'] n wheel
гило́ф	[ghilof] cover, slip
гимирламо́к	[ghimirlamoq] v swarm
гингшимо́к	[ghingshimoq] v pule, grizzle
гирро́м	[ghirrom] n dishonest,n swindler
гишт	[ghisht] n brick
гишти́н	[ghishtin] adj brick
гойибона́	[ghoyibona] adj invisible
голи́б	[gholib] n victor, winner
гоя́	[ghoya] n idea, project

гоявий	[ghoyaviy] adj idea
гоят	[ghoyat] over much
гулгула	[ghulghula] n commotion
гунча	[ghuncha] n bud
гурур	[ghurur] n pride
гўза	[ghóza] n cotton plant
гўр	[ghór] adj green, immature.

Х

ха	[kha] yes, ya
хавас	[khavas] n desire, wish
хаваскор	[khavask'or] n diletant,fan
хаво	[khavo] n air
хаёт	[khayot] n life
хаётий	[khayotiy] adj vital
хажм	[khadjm] n capacity
хазил	[khazil] n joke, skit
хазилкаш	[khazilk'ash] n joker, jester
хазрат	[khazrat] n majesty, holy
хайбатли	[khaybatli] adj dignified, majestic
хайвон	[khayvon] n animal, beast
хайдамоқ	[khaydamoq] v turn out, oust
хайдаш	[khaydash] n plowing, driving
хайдовчи	[khaydovchi] n ploughman
хайит	[khayit] n religious holiday
хайкал	[khayk'al] n statue, monument
хайрон	[khayron] adj suprised

ҳаким	[khakim]	n doctor, sage, savant
ҳаккa	[khak'k'a]	n magpie
ҳали	[khali]	still, yet, in the meanwhile
ҳали-бери	[khali veri]	still
ҳалигача	[khalig'acha]	until now
ҳалитдан	[khalitdan]	already, before, hence
ҳалоқ бўлмоқ	[khaloq bolmoq]	v perish
ҳалокат	[khalok'at]	n ruin, destruction
ҳалол	[khalol]	adj honest, downreght
ҳалқа	[khalqa]	n ring, hoop
ҳам	[kham]	also, too
ҳамда	[khamda]	as well as
ҳамжихат	[khamdjikhat]	adj joint, mutual
ҳамкорлик	[khamk'orlik']	n concord, cooperation
ҳамма	[khamma]	everything, all, anything
ҳаммаёқ	[khammayoq]	all around
ҳаммом	[khammom]	n bath
ҳамроҳ	[khamrokh]	n fellow, traveler
ҳамшаҳар	[khamshakhar]	n countryman
ҳамшира	[khamshira]	n nurse
ҳандаляк	[khandalyak']	n small melon
ҳар	[khar]	each, every
ҳар ерда	[khar yerda]	everywhere
ҳар қанча	[khar qancha]	any amount
ҳаракат	[kharak'at]	n movement
ҳаракатчан	[kharak'atchan]	adj lively, agile
ҳарб	[kharb]	n war

ҳарбий   [kharbiy] adj military, martial
ҳаргиз   [khargiz] never
ҳаром   [kharom] adj
ҳарорат   [kharorat] n heat, temperature
ҳарф   [kharf] n letter
ҳасса   [khassa] n cane
ҳатто   [khatto] n even, yet
ҳафта   [khafta] n week
ҳафталик   [khaftalik'] n weekly
хаяжон   [khayadjon] n emotior, choppiness
ҳаяжонли   [khayadjonli] adj exited
ҳақ   [khaq] n truth, sooth
ҳақиқат   [khaqiqat] n truth, justice
ҳақиқий   [khaqiqiy] adj veritable, actual
хечким   [khechkim] nobody, none
хеч нарса   [khech narsa] nothing, anything
хид   [khid] n odour, scent
хидламоқ   [khidlamoq] v sniff
хидли   [khidli] adj nuzzle, fragrant
хикмат   [khik'mat] sapience, wisdom
хикоя   [khik'oya] n story, tale
хилол   [khilol] n crescent
хинд   [khind] n Indian
хис   [khis] n feeling, sense, sentiment
хисоб   [khisob] n account, bill
хисобламоқ   [khisoblamoq] v account, deem
хисобот   [khisobot] n account

хисобчи	[khisobchi]	n accountant
хисса	[khissa]	n fraction, share
ховли	[khovli]	n court, yard
ховлиқмоқ	[khovliqmoq]	v bustle, fuss
ховуз	[khovuz]	n artificial pond
ховуч	[khovuch]	n handful
ходиса	[khodisa]	n event, fact, occasion
хожат	[khodjat]	n need, want, necessity
хозир	[khozir]	adv now, right now
хозиргача	[khozirg'acha]	adv until now
хозирги	[khozirgi]	adj present, actual
хозирлик	[khozirlik']	n readiness
preparedness		
хоказо	[khok'azo]	et cetera
хоким	[khokim]	n governor
хокимият	[khokimiyat]	n authority, hold
хол	[khol]	n position, situation
холат	[kholat]	n condition, state
холва	[kholva]	n khalva
холбуки	[kholbuki]	prep whereas, while
холсиз	[kholsiz]	adj enervate
хордиқ	[khordiq]	n lassitude, weariness
хосил	[khosil]	n crop, yield, harvest
хосилот	[khosilot]	n harvest
хосилдорлик	[khosildor]	adj fertility
худуд	[khudud]	n border, bound
хужжат	[khudjat]	n document

167

хужум	[khudjum]	n attack
хузур	[khuzur]	presence, audience
хукумат	[khuk'umat]	n goverment
хунар	[khunar]	n art, craft
хунарли	[khunarli]	proficient, expert
хур	[khur]	adj disengaged, free
хурмат	[khurmat]	n kudos, respect
хурматли	[khurmatli]	adj estimable, dear
хуррият	[khurriyat]	n freedom, liberty
хусн	[khusn]	n beauty
хукук	[khuquq]	n right
хўкиз	[khökiz]	n bullock, ox
хўл	[khöl']	adj madid, wet
хўлламок	[khöl'l'amoq]	v soak
хўнграмок	[khöngramoq]	v sob
хўпламок	[khöplamoq]	v gulp, swallow

ENGLISH - UZBEK
DICTIONARY

A

a, an — [эй, эн] белгисиз артикль

abandon — [э'бэндэн] v ташлаб кетмоқ, кетмоқ

abbreviation — [э'бривизйшн] n қисқартириш

ability — [э'билити] n қобилият, билиш

able — [эйбл] adj қобилиятли

abnormal — [эб'нормэл] adj ғайритабий

aboard — [э'бо:д] adv бортда, кемада

abolish — [э'болиш] v бекор қилмоқ
қолдирмоқ

abound — [э'баунд] v сероб бўлмоқ, мўл
бўлмоқ

about — [э'баут] adv ён атрофда, тўғрисида,
ҳақида

above — [э'бав] prep устида, тепасида

abroad — [э'брод] adv чет элларда, чет элга

absence — ['эабсэнс] n йўқлик, ғойиблик

absent — ['эбсент] adj йўқ одам, йўқ бўлмоқ

absolute — ['эбсэлют] adj абсолют, мутлақо

absolutely — ['эбсолютли] adv батамом, бутунлай

absorb — [эб'соб] v ютмоқ, сингдирмоқ

absurd — [эб'сэд] adj беъмани, беҳуда

171

abundance	[э'бандэнс] n серобгарчилик, тўқчилик
abuse	[э'бьюз] v хиёнат қилмоқ, хақорат қилмоқ
accelerate	[ак'селерэйт] v тезлатмоқ
accent	['эксэнт] n урғу, талаффуз, айтилиш
accept	[эк'септ] v қабул қилмоқ
access	['эксэс] n кириб кўриш
accident	['эксидэнт] n бахтсиз ходиса, авария
accomodation	[экомо'дэйшн] n уйғунлаштириш
accompany	[э' кампэни] v узатиб бормоқ, бирга бормоқ
accomplish	[э'комплиш] v бажо келтирмоқ
accord	[э'ко:д] n розилик, мослик
according	[э'ко:динг] v мувофиқ, биноан
account	[э'каунт] n счет, хисоб, хисоб қилмоқ
accumulate	[э'кьюмьюлэйт] v йиғмоқ, тўпламоқ
accuse	[э'кьюз] v айибламоқ
accustom	[э'кастом] v одатлантирмоқ
ache	[эйк] n оғриқ, v оғримоқ
achieve	[э'чив] v етиб бормоқ
achievement	[э'чивмент] n етиш, қозониш
acid	['асид] n қимизак, нордонлик, кислота
acknowledge	[эк'нолидж] v танимоқ, тасдиқламоқ

acquaintance	[э'квейнтэнс]	n танишиш, таниш
across	[э'крос]	prep устидан, орқали
act	[акт]	n иш, ҳаракат, акт, қилиқ, муомала
action	[акшн]	n ҳаракат, даъво
active	['актив]	adj ғайратли, серҳаракат
activity	[ак'тивити]	n фаолият, ғайрат
actor	['актэ]	n актёр, артист
actual	['актьюэл]	adj мавжуд, ҳақиқий
actually	['актьюэли]	adv чин айтганда, ҳақиқатда
acute	[э'ку:т]	adj ўткир, зийрак
adaptation	[адáптэйшн]	n мослаштириш, ўзгартириш
add	[эд]	v қўшмоқ, кўпайтирмоқ
addition	[э'дишн]	n қўшимча, қўшиш, қўшув
address	[э'дрэс]	v жўнатмоқ, йўлламоқ
adequate	['адиквит]	adj етарли, қониқарли
adjust	[э'жаст]	v тўғриламоқ, йўлга қўймоқ
administration	[эдминистрэйшн]	n маъмурият
admire	[эд'майе]	v маҳлиё бўлмоқ
admission	[эд'мишн]	n фараз, эътироф қилиш
admit	[эд'мит]	v фараз қилмоқ
adopt	[э'допт]	v қабул қилмоқ
adult	['адалт]	n катта, бўйи етган
advance	[эд'ванс]	v кўтармоқ, олдинга сурмоқ, аванс, силжиниш

advantage	[эд'вантидж] n устунлик
adventure	[эд'вэнчэ] n саргузашт
adversity	[эд'вэсити] n бахтсизлик, фалокат
advertisement	[эд'вэтисмэнт] n эълон, реклама
advice	[ээд'вайс] n маслаҳат
advise	[эд'вайз] v маслаҳат бермоқ
affair	[э'фэа] n иш, юмуш, хизмат
affect	[э'фэкт] v тасир этмоқ, тегиб ўтмоқ
affection	[а'фэкшн] v бирор кишига ўрганиб

қолмоқ, меҳр қўймоқ

afford	[э'фо:д] v ижозат бермоқ, йўл

қўймоқ

Afghan	[афган] n афгон
afraid	[э'фрейд] v қўрқмоқ
African	[африкэн] n африкали
after	[афтэ] adv кейин, сўнг
afternoon	[афтэнун] n туш вақти, кун ўртаси
afterwards	[афтэвўдэ] adv кейин, кейинчалик
again	[э'гэйн] adv яна
against	[э'гэйнст] prep қарши
age	[эйж] n ёш, аср, қаримоқ
agency	[эйжэнси] n агентство,
agenda	[эжэнда] n кун тартиби,
agent	['эйжэнт] n агент, вакил
aggression	[э'грэшн] n агрессия
ago	[э'гоу] adv йиллар олдин, ҳадимда
agree	[э'гри:] v кўнмоқ, рози бўлмоқ

agriculture	[агрикалчэ] n қишлоқ хўжалик
ahead	[э'хэд] adv олга, олдинда
aid	[эйд] n ёрдам, v ёрдамламоқ
aim	[эйм] n мақсад, v интилмоқ
air	[эйр] n ҳаво, v ҳавони тозаламоқ
air-mail	[эйрмэйл] n ҳаво почтаси
airplane	['эроплэйн] n самолёт, тайёра
alarm	[э'лам] n ташвиш, хавотир, ташвишга
солмоқ, тревога	
alarm-clock	[э'ламклок] n будильник
alcohol	['алкохол] n алкоголь
alert	[э'лет] adj сергак, чаққон
alien	['эйлиен] adj хорижий, ёд
alike	[э'лайк] adj ўхшаш, баравар, бир хил
alive	[э'лайв] adj тирик, бардам
all	[о:л] n ҳамма, ҳамма нарса, adj
ҳарқайси	
alright	[о:лрайт] adv ҳаммаси жойида
allow	[э'лау] v рухсат бермоқ, танимоқ
ally	[э'лай] n иттифоқдош, v
бирлаштирмоқ	
almond	['амонд] n бодом
almost	[о'лмоуст] adv деярлик, салкам
alone	[э'лоун] adj ёлғиз, бир ўзи
along	[э'лонг] prep ёқалаб, бўйлаб
aloud	[э'лауд] adv қаттиқ, баланд(овоз)
already	[олреди] adv энди, аллақачон

also	[олсоу] adv ҳам, шунингдек	
although	[олд'оу] conj бўлса ҳам, гарчи	
altogether	[олтэгэдэ] adv бутунлай, тамоман	
always	[олвэйв] adv ҳамиша, доим	
a.m.	[эй эм] adv (ante meridiem) туш вақти	
amaze	[э'мейв] v ҳайратламоқ	
ambassador	[эмбасадэ] n элчи	
ambitious	[амбишэс] adj шуҳратпараст	
ambulance	[амбьюлэнс] n тез ёрдам мошинаси	
amends	[э'мэндэ] n компенсация, тўлаш	
America	[америкэ] n Америка	
among	[э'манг] prep орасида	
amount	[э'маунт] n ҳаммаси, жамъи, тенг бўлмоқ	

amuse	[э'мьюв] v овунтирмоқ	
analyse	['анэлайв] v анализ қилмоқ, таҳлил қилмоқ	
analysis	[э'налэсис] n анализ	
ancestor	['ансистэ] n ота-бобо, аждод	
ancient	['эйншэнт] adj қадим, эски	
and	[энд] conj ва	
angel	[энжел] n паришта	
angry	[энгри] adj баджаҳл, жаҳли ёмон	
anger	[энгэр] adj жаҳл, v жаҳли чиқмоқ	
animal	[энимал] n ҳайвонот, ҳайвон	
ankle	[энгкл] n тўпиқ	
anniversary	[эниверсари] n йиллик, юбилей	

announce	[э'наунс] v эълон қилмоқ
annoy	[э'ной] v ўкситмоқ, ранжитмоқ
annual	['аньюэл] adj бир йиллик
another	[э'наДэ] pron бошқа
answer	['ансэ] n жавоб, v жавобламоқ
ant	[ант] n чумоли
anticipate	[антисипэйт] v кутмоқ, олддан
кўрмоқ		
antique	[ан'тик] adj қадим, антик
any	[эни] adj ҳарким, ҳарнарса
anyone	[эниуан] pron ҳарқандай, ҳарқайси
anything	[энитинг] pron бирор нарса
anyway	[эни'вэй] adv ҳаржиҳатдан
anywhere	[эни'вээз] adv бир ерда, бир ерга
apart	[э'па:т] adv алоҳида, нари томонда
apartment	[а'партмент] n хона, квартира
apologize	[э'полэжайз] v кечирим сўрамоқ
apparently	[э'парэнтли] adv иҳтимол
appeal	[э'пи:л] n чақириқ
appear	[э'пиэ:] v кўринмоқ, юз бермоқ
appearance	[э'пиэпэнс] n кўриниш, пайдо бўлиш
appetite	[а'питайт] n иштаҳа, хоҳиш
applaud	[э'пло:д] v карсакламоқ
applause	[э'пло:з] n чапаклар
apple	[эпл] n олма
application	[апли'кэйшн] n илтимос, ариза
apply	[э'плай] v мурожаат қилмоқ

177

appoint	[э'поинт] v тайинламоқ
appointment	[э'поинтмент] n тайинлаш, вазифа, лавозим
appreciate	[э'пришиэйт] v баҳо бермоқ, қадр қилмоқ
approach	[э'проуч] v яқинлашмоқ, яқинлашиш
approve	[э'пру:в] v мақулламоқ
apricot	['эй'прикот] n ўрик
April	[эйпрэл] n апрель
Arab	[араб] n араб
arch	[ач] n арқ, тоқ, пештоқ
area	[эриэ] n макон, жой, район, зона
argue	['агью] v баҳсламоқ, исботламоқ
arm	[арм] n қўл
arm	[арм] n силоҳ, v силоҳланмоқ
army	[арми] n армия
around	[э'раунд] prep ён-атрофда
arrange	[э'рэйнж] v тартибга келтирмоқ, ташкил қилмоқ, тузмоқ
arrival	[э'райвэл] n келиш
arrive	[э'райв] v келмоқ, етиб келмоқ
arrow	[э'роу] n қамон ўқи
art	[арт] n санъат
article	['атикл] n мақола
artificial	[атифишэл] adj сунъий
artist	[атист] n рассом
as	[зэ] adv чунки, негаки

ash	[эш]	n кул
ashtray	[эштрэй]	n кулдон
Asia	[эйша]	n Осиё
ask	[аск]	v сўрамоқ, талаб қилмоқ
assembly	[э'сэмбли]	n ассамблея, егилиш
assign	[э'сайн]	v тайинламоқ
assist	[э'сист]	v ёрдам бермоқ
association	[эсосиэйшн]	n ассоциация, жамият
assume	[э'сьюм]	v ўзига келмоқ, тахмин қилмоқ
assure	[э'шуэ]	v ишонтирмоқ
astonish	[э'стониш]	v ҳайратламоқ
asylum	[э'сайлэм]	n паноҳ
at	[эт]	postp -да
attach	[э'тач]	v бириктирмоқ, бирлаштирмоқ
attack	[э'так]	v ҳужум қилмоқ, n ҳужум, тутқоқ
attempt	[э'тэмпт]	n уриниш, суиқасд қилиш
attend	[э'тэнд]	v этибор бермоқ, n парвариш
attention	[э'тэншн]	n этибор
attitude	[э'титьюд]	n муносабат, ҳолат
attorney	[э'тони]	n адвокат
attract	[э'тракт]	v жозиба қилмоқ
attractive	[э'трактив]	adj жозибали
auction	[экшн]	n аукцион
audience	['о:диенс]	n аудиенция, аудитория
August	[огэст]	n август
aunt	[а:нт]	n хола, амма

179

authority	[о'ҭорити] n ҳокимият, обрӯ
autumn	[о'тэм] n куз
available	[э'вэйлэбл] adj арзон, ҳаммабоп, нақд
avenue	[авинью] n проспект, аллея
average	[авэриж] adj ӯртача
avoid	[э'воид] v қочмоқ, ӯзини четга тортмоқ
awake	[э'вэйк] v ухламай ётмоқ, бедор бӯлмоқ
award	[э'вод] v мукоҭотламоқ, n мукоҭот
aware	[э'вээ] v билмоқ
away	[э'вэй] adv нарига, четга, йӯқол
awful	[о'ҭул] adj даҳшатли
axe	[акс] n болта
axis	['аксис] n ӯқ
Azerbaijanian	[э'зербайжаниэн] n озарбайжонлик

B

baby	[бэйби] гӯдак, ёш бола
back	[бэк] орқа, орқа томон, орқага
background	[бэкграунд] ҭон, орқа ҭони
bacon	[бэйкн] n бекон
bad	[бэд] adj ёмон, бузилган (овқат ҳақида)
bag	[бэг] n ҳалта, сумка
baggage	[бэгиж] n багаж
bake	[бэйк] v ёпмоқ (тандирда)
bakery	[бэйкэри] n нонхона,новвойхона
balance	[балэнс] n торози, бараварлик, баланс
қилмоқ	

180

bald	[болд] n кал
ban	[бан] v тақиқламоқ, тақиқ
banana	[бэнана] n банан
band	[бэнд] n шайка, банда, лента, жияк, пуфлаб чалинадиган музика оркестри
bandage	[бэндиж] n бинт, v бинтламоқ
bank	[бэнк] n банка
bankruptcy	[бэнкрэпси] n банкротлик
banner	[банэ] n байроқ
bar	[ба:] n қумқайроқ, бўлак, буфет, тўсиқ, қулифламоқ
barber	[ба: бэ] n сартарош (эркаклар учун)
bare	[бээ] adj ёлонғоч, чиплоқ
bargain	[бэргин] n келишув, олиб сотмоқ
bark	[бэк] n хуриш, вовиллаш, v вовилламоқ
barley	[бали] n арпа
barn	[ба:н] n омбор
barrel	[барэл] n бочка
base	[бэйс] n база, асос, асосламоқ
basic	[бэйсик] adj асосий
basket	[баскит] n сават
bath	[ба:T] n ванна
bathe	[бэйT] v чўмилмоқ, хўлламоқ
bathroom	[баTрум] n ваннахона
battery	[батэри] n батарея
battle	[батл] n жанг, кураш
bay	[бэй] n кўрфаз, қўлтиқ

be, was, were, been [би:] v бўлмоқ, яшамоқ, бор бўлмоқ

beach [би:ч] n пляж

bead [би:д] n мўнчоқ, тасбеҳ

beak [би:к] n тумшуқ

beam [би:м] n балка, тўсин, старапил, v
порламоқ

bean [би:н] n ловия

bear, bore, borne [биэр] чидамоқ, олиб кетмоқ, туғмоқ

bear [биз] n айиқ

beard [биорд] n соқол

beast [би:ст] n ҳайвон

beat, beaten [би:т] урмоқ, ютмоқ (ўйинда)

beautiful [бьютифул] adj чиройли, гўзал

beauty [бьюти] n чирой, гўзал

because [бикоз] conj шу учун, чунки

become, became, became [би'кам] v бўлмоқ, юз бермоқ

bed [бед] n каравот, ётоқ жой

bedroom [бедрум] n ётоқ уй, ётоқ жой

bee [би:] n асал ари

beef [би:ф] n мол гўшти

beer [биэр] n пиво

beet [би:т] n қизилча

beetle [би:тл] n қўнғиз

before [би:фо] prop бундан олдин, олдинда

beg [бег] v тиламоқ, сўрамоқ

beggar [бегэ] n гадо, тиламчи

begin, began, began [бигин] v бошламоқ

182

beginning	[бигининг] n бошланиш	
behalf	[би:хаɟ] adv номидан	
behave	[бихэйв] v ўзини тутмоқ	
behaind	[бихайнд] prep орқада, орқасида	
being	[би:инг] n борлик, жон, зот, турмуш	
believe	[би:лив] v ишонмоқ, ўйламоқ	
bell	[бел] n қўнғироқ, занг	
belly	[бели] бел, қорин	
belong	[би:лонг] v эга бўлмоқ	
belt	[белт] n камар, белбоғ	
bend, bent, bent	[бенд] v букмоқ, қайирмоқ, n буким	
beneath	[би:нит] prep тагида, паст	
benefit	[бениɟит] n раҳмдиллик, яхшилик, ɟойда	
berry	[бери] n мева	
beside	[би:сайд] prep ёнида	
besides	[би:сайдэ] prep ундан ташқари	
best	[бест] adj яхшироқ, яхшироғи	
bet, bet, betted	[бет] v гаровламоқ, n гаров	
betray	[би'трэй] v сотмоқ	
between	[би'твин] prep орасида	
beware	[би'вэз] эҳтиёт бўлмоқ, сақланмоқ	
beyond	[би'йонд] prep нариги тараɟда, ортиқ	
bicycle	[байсикл] n велосипед	
big	[биг] adj катта	
bill	[бил] n қонун лойиҳаси, счёт, рўйхат	
bind, bound	[байнд] v бойламоқ	
birch	[бэ: ч] n оқ қайин	

bird	[бӯːрд] n	қуш
birth	[бӯːт] n	туғилиш
birthday	[бӯтдэй] n	туғилган куни
bit	[бит] н	тишлам, озгина
bite, bit, bitten	[байт] v	тишламоқ
bitter	[битэ] adj	аччиқ, қаттиқ(шамол)
black	[блэк] adj	қора, n қоранғилик
blacksmith	[блэксмит] n	темирчи
blade	[блэйд] n	лезвие
blame	[блэйм] v	айибламоқ, n тана, гина
blank	[бланк] adj	тоза, тӯлдирилмаган
blanket	[блэнкит] n	одёл, кӯрпа
blaze	[блэйз] n	ёлқин, v ёнмоқ
bleach	[блиːч] v	оқламоқ
bleed, bled	[блиːд] v	қонламоқ, қон оқмоқ
blend	[блэнд] v	аралаштирмоқ
blind	[блайнд] n	кӯр, v кӯр қилмоқ
block	[блок] n	квартал
blood	[блад] n	қон
blossom	[блосом] n	дарахт гуллари
blouse	[блауз] n	блуза
blow	[блоу] n	уриш, зарба
blow, blew, blown	[блоу] v	пуфламоқ
blue	[блю] adj	мовий, осмон ранги
board	[боːд] n	тахта, стол, овқат
boat	[боːт] n	кема
body	[боди] n	бадан, тан, жисм

184

boil	[бойл] v қайнамоқ
bomb	[бом] n бомба, v бомбардирамоқ
bond	[бонд] n алоқа, облигация
bone	[боун] n суяк
book	[бук] n китоб, v билет заказ қилмоқ
bookcase	[буккейс] n китоб жовони
boot	[бу:т] n ботинка, этик
border	[бо:дэ] n чегара, v чегараламоқ
bore	[боэ:] v пармаламоқ
born	[бо:н] adj туғилган
borrow	[бороу] v банд қилмоқ, ўзлаштирмоқ
bosom	[бу:зэм] n кўкрак
boss	[бос] n хўжайин
both	[бот] pron иккови
bother	[бодэ] v хижолат қилмоқ
bottle	[ботл] n шиша
bottom	[ботэм] n таги, ости
bow	[бау] n тазим
bow	[боу] n камалак
bowels	[бауэлс] n ичак-чувоқ
bowl	[боул] коса, қадаҳ
box	[бокс] n яшчик, қути
box	[бокс] v урмоқ, бокс қилмоқ
boy	[бой] n бола
brain	[брейн] n мия
brake	[брейк] n тормоз, v тормоз қилмоқ
branch	[бранч] n филиал, бўлим, соҳа

brave	[брейв] n ботир, adj мард, жасур
bread	[брэд] n нон
breadth	[брэдт] n кенглик
break, broke,	broken [брейк] v бузилмоқ, бузмоқ
breakdown	[брейкдаун] n бузилиш
breakfast	[брэкфэст] n нонушта
breast	[брест] n кўкрак
breath	[бри:т] n нафас олиш
breathe	[бри:т] v нафас олмоқ
bribe	[брайб] v сотиб олмоқ
brick	[брик] n ғишт
bride	[брайд] n келин
bridegroom	[брайдгрум] n куёв
bridge	[бриж] n кўприк
brief	[бри:ф] adj қисқа, қисқача
bright	[брайт] adj ёрқин
bring, brought,	brought [бринг] v олиб келтирмоқ
Britain	[бритн] Британия, Англия
broad	[бро:д] adj кенг
broadcast	[бродкаст] n радиоэшиттириш
broker	[броукэ] n маклер
broom	[бру:м] n супурги, пол тозалаш шчетка
brother	[браДэ] n ака
brow	[брау] n қош, пешана
brown	[браун] adj жигарранг
brush	[браш] n шчетка, v тарамоқ
bucket	[бакит] n пақир

budget	[баджит] n	бюджет
build, built	[билд] v	қуримоқ
bull	[бул] n	хўкиз
bullet	[булит] n	ўқ
burial	[бэриал] n	кўмиш, дафн
burn, burnt	[бўːн] v	ёндирмоқ, куйдирмоқ
burst	[бўст] v	ёрилмоқ, портламоқ
bury	['бэри] v	кўммоқ, беқитмоқ
bus	[бас] n	автобус
bush	[буш] n	бута, бутазор
business	['бизнис] n	иш, машғулот
businessman	['бизнисмэн] n	иш одами, бизнесмен
busy	['бизи] банд, be -	банд бўлмоқ
but	[бат] conj	лекин, аммо
butcher	[бачэ] n	қассоб
butter	[батэ] n	маска ёғ
butterfly	[батэфлай] n	капалак
button	[батн] n тугма, v	тугмаламоқ, n кнопка
buy, bought	[бай] v	сотиб олмоқ
buzz	[баз] v	зувилламоқ
by	[бай] prep	ёнида, олдида, яқинида,бирга

C

cab	[кэб] n	такси
cabbage	[кэбиж] n	карам
cable	[кэйбл] n	телеграмма, кабель
cafe	[кафэ] n	кафэ

cafeteria	[каѳитериа] каѳетерий
cage	[кэйж] n қаѳас, катак, лиѳт
cake	[кейк] n торт
calendar	[календэ] n календарь
calf	[каѳ] n бузоқ
call	[кол] v ном бермоқ, чақирмоқ
calm	[кам] n сукунат
camel	[кэмл] n туя
camera	[камера] n ѳотоаппарат, кинокамера
camp	[кэмп] n лагерь, манзил
can, could	[кэн, куд] v олмоқ, билмоқ
can	[кэн] n бидон, пақир
cancel	[кэнсл] v бекор қилмоқ, қолдирмоқ
cancer	[кэнсэр] n рак, яра
candle	[кэндл] n шам
candy	[кэнди] n мева-чева, ширинлик, конѳет
cap	[кэп] n шапка, қалпоқ, қопқоқ
capable	[кэйпбл] adj қобилиятли
capital	[кэпитл] n пойтаҳт
captain	[кэптн] n капитан
captive	[кэптив] n асир, туткун
car	[кар] n вагон, автомобиль
card	[кард] n билет, карта
care	[кэйр] v ғамхўрлик қилмоқ
career	[кэ`рьер] иш, ҳунар, мансаб
careful	[кээрѳул] adj диққат билан қарайдиган,
меҳрибон	

careless	[кээрлис] adj	енгилтак, бепарво
carol	[кээрл]	куйламоқ, гимн
carpet	[карпит] n	гилам, шолча, v гилам солмоқ
carrot	[кэрот] n	сабзи
carry	[кэри] v	кўтармоқ, ташимоқ
carve	[карв] v	кесиб олмоқ, нақш солмоқ
case	[кэйс]	воқиа, иш, дело
cash	[кэш] n	нақд
cashier	[кэшьер] n	кассир
castle	[касл] n	қаср, руҳ
casual	[кэжуэл] adj	тасодифий
cat	[кэт] n	мушук
catch, caught	[кэч]	тушунмоқ, англамоқ
cattle	[кэтл] n	қорамол
cauliflower	[колифлауэ] n	гулкарам
cause	[коз] n	иш, важ, v чақирмоқ
caution	[коушн] n	эҳтиёткорлик, эҳтиёт
cave	[кейв] n	ғор
cease	[сиз] v	тўхтамоқ
ceiling	[силинг] n	шип
celebrate	[селибрейт] v	байрам қилмоқ
cellar	[селэр] n	ертўла, подвал
cemetery	[семетэри] n	гўристон
censorship	[сенсоршип] n	цензура
center	[сентэ] n	марказ
century	[сенчуэри] n	юз йиллик, аср
cereal	[сириэлс] n	крупа, ёрма, бошоқли

ўсимликлар

certain	[сэтн] adj муайян	
certificate	[сə'тификэйт] n гувоҳнома	
chain	[чэйн] v кишанламоқ, n занжир	
chair	[чээ] n курси, кафедра, раислик	
chalk	[чок] n бор	
challenge	[чэленж] v қичқирмоқ, чақирмоқ, n	

чақириш

chance	[чанс] n имкон, фурсат
change	[чэнж] v ўзгартмоқ, n ўзгариш
channel	[чэнл] n канал, бўғоз
charges	[чарж] n ҳаражат, чиқим
charity	[чарити] садақа қилиш, раҳмдиллик
charm	[ча'м] n жозиба, v мафтун этмоқ
cheap	[чип] adj арзон, қиммат эмас
cheat	[чит] v алдамоқ, n алдамчи
Chech	[чек] n чех
check	[чек] n чек, v текширмоқ
cheer	[чиир] n ур-ре, v далда бермоқ
cheese	[чииз] n сир, пишлоқ
chemist	[кемист] n химик
cherry	[чери] n гилос, олча
chess	[чес] n шаҳмот
chest	[чест] n сандиқ, кўкрак
chestnut	[чеснат] n каштан
chew	[ч'ю] v чайнамоқ
chicken	[чикин] n жўжа, товуқ

chief	[чиф] n	бошлиқ, раҳбар
child	[чайлд] n	бола, гўдак
chimney	[чимни] n	камин, ўчоғ
chin	[чин] n	ияк
china	[чайна] n	фарфор, чинни
chocolate	[чоклит] n	шоколад
choice	[чойс] n	танлаш
choke	[чоук] v	бўғмоқ, бўғилмоқ
choose, chose, chosen	[чуз] v	танламоқ
chop	[чоп] v	чопмоқ
Christmas	[крисмас] n	христёнлар байрами
church	[чёрч] n	черков
cinema	[синема] n	кино
cinnamon	[синэмэн] n	долчин
circle	[сёкл] n	доира
circulate	[сёк'юлэйт] v	айланмоқ
circumstance	[сёкамстэнс] n	вазият, холат
citizen	[ситизн] n	граждан
city	[сити] n	шаҳар
claim	[клэйм] v	талаб қилмоқ, n талаб, даъво
clap	[клэп] v	қарсак чалмоқ, n қарсак
clash	[клэш] n	тўқнашув, v тўқнашмоқ
class	[клас] n	синф
claw	[кло] n	чангал, тирноқ
clay	[клэй] n	лой
clean	[клин] v	тозаламоқ, adj тоза
clear	[клиэ] adj	ойдин, ёруг, v тозаламоқ

191

clerk	[КЛЭК] n	мансабдор, ходим
clever	[КЛЭВЭ] adj	ақлли, қобилиятли
climate	[КЛАЙМИТ] n	оби-ҳаво, иқлим
climb	[КЛАЙМ] v	чиқмоқ, тирмашмоқ
cloak	[КЛОУК] n	плашч
close	[КЛОК] n	(девор,стол) соати
cloth	[КЛОТ] n	газмол, мовут
clothe	[КЛОД] v	киймоқ
clothes	[КЛОУДэ] n	кийм, кўйлак
cloud	[КЛАУД] n	булут
club	[КЛАБ] n	клуб
clutch	[КЛАЧ] v	ушлаб олмоқ, n қисиш
coach	[КОУЧ] n	тарбиячи, тренер, инструктор
coal	[КОУЛ] n	кўмир
coast	[КОУСТ] n	соҳил
coat	[КОУТ] n	пальто, камзул
cock	[КОК] n	хўроз
coconut	[КОКОНАТ] n	кокос, норжил
coffee	[КОФИ] n	кофе
coffin	[КОФИН] n	тобут
coin	[КОЙН] n	танга, чақа
coincidence	[КОУ´ИНСИДЕНС] n	ўҳшаш, тўғри келиш
cold	[КОУЛД] adj, n	совуқ, шамоллаш
collapse	[КЭЛАПС] n	ўпирилиш, v қулаб тушмоқ
collar	[КОЛЕР] n	ёқа
collect	[КОЛЭКТ] v	тўпламоқ
college	[КОЛИЖ] n	колледж

collision	[колижн] n тўқнашув	
color	[колэ:] n ранг, v бўямоқ	
column	[колзм] n колонна, устун	
comb	[коум] n тароқ, v тарамоқ	
combination	[комбинэйшн] n бирикма, биргалик	
come, came	[кам] v келмоқ	
comfort	[камфо:т] n қулайлик, v юпатмоқ	
comfortable	['камфотэбл] adj қулай, ўнгай	
command	[команд] v буйруқ бермоқ, n буйруқ	
commit	[кэмит] v жиноят қилмоқ	
commitment	[комитмэнт] бир нарса тюрьмага бермоқ	
committee	[кэмити] n комитет	
common	[комэн] adj умумий, оддий	
communicate	[кэмьюникейт] v билдирмоқ, хабар	
бермоқ		
community	[кэмьюнити] n жамоа, бирлик	
company	[кампани] n жамият, ширкат	
compare	[кэмпээ:] v солиштирмоқ	
compartment	[кэмпартмент] n бўлим, купе	
compensate	[кэмпэнсэйт] v қопламоқ	
compete	[кэмпит] v мусобақа қилмоқ	
competent	[компетэнт] adj омилкор, билимдор	
competition	[компетишн] n мусобақа	
complain	[комплэйн] vs шикоят қилмоқ	
complete	[комплит] adj тўла, v тугатмоқ	
complexion	[комплэкшн] n бет ранги	
complicated	[компликейтд] adj мукаммал	

composer	[компоузэ] n бастакор, композитор	
comprehend	[комприхэнд] v пайқамоқ	
compress	[компрэс] n компресс, v компресс қўймоқ	
compromise	[компромайз] компромисс, ислохатга келиш	
compulsory	[компэлсэри] adj мажбурий	
computer	[компьютэ] n компьютер	
conceal	[кэнсил] v яширмоқ	
concentrate	[косентрэйт] v диққатни егмоқ	
conception	[консэпт] n тушунча, концепция	
concern	[консен] n иш, алоқа, муносабат, v қизиқмоқ	
conclusion	[конклюжн] n тугаш, хулоса	
condemn	[кондэм] v хукм қилмоқ, қарор қилмоқ	
condition	[кондишн] n шароит, холат	
conductor	[кондактэ] n кондуктор, дирижёр	
cone	[коун] конус	
confectionary	[конфэкшионари] n ширинликлар магазини	
confess	[конфэс] в иқрор бўлмоқ	
confidence	[конфидэнс] n ишонч, дадиллик	
confident	[конфидэнт] adj дадил, ишонган	
confirm	[конфём] v тасдиқламоқ	
confiscate	[конфискейт] v олиб қўймоқ	
conflict	[конфликт] n конфликт, зиддият	
confuse	[кэнфьюз] v аралаштирмоқ, уялмоқ	
congratulate	[конгратьюлэйт] v табрикламоқ	

194

connect	[кэнэкт] v уламоқ, боғламоқ
connection	[кэнэкшн] n алоқа, уланиш,
қариндошлик	
conscience	['коншэнс] n виждон
consent	[кэнсэнт] n розилик, келишув
consequence	[консиквэнс] n оқибат, натижа
consider	[кон'сидэ] v хисобламоқ, гумон қилмоқ
consist	[консист] v иборат бўлмоқ
consistent	[консистэнт] adj изчил, мунтазам
consolation	[консэлэйшн] n юпатиш, овутиш
constant	[констэнт] adj доимий
constitution	[конститьюшн] n конституция
construct	[констракт] v куримоқ
consulate	[консьюлит] n консульство
consult	[консалт] v маслаҳатлашмоқ
consume	[кон'сьюм] v ишлатилмоқ
contact	[контэкт] n контакт, тегиш
contagious	[кэнтэйжис] adj юқимли
contain	[контэйн] ичига олмоқ, сиғдирмоқ
contemporary	[контэмпорари] adj замонавий
contempt	[кон'тэмпт] n нафрат, хазар
contend	[кон'тэнд] курашмоқ, даъво қилмоқ,
баҳсламоқ	
content	[кон'тэнт] adj мамнун, муносиб
бўладиган	
contents	['контэнтс] n мазмун, мундарижа
contest	[контэст] n баҳс, тортишмоқ

195

continent	[континэнт] n қитъа
continue	[континью] v давом этмоқ
continuous	[конютиньюс] adj тўхтовсиз
contract	[контрэкт] n шартнома
contradict	[контрэдикт] v рад этмоқ, этироз қилмоқ
contrary	[контрибьют] adj тескари, v бошқача қилмоқ
contrast	[контраст] n қарама-қаршилик, v қарши қўйилмоқ
contribute	[контрибьют] v хамкорлик қилмоқ, хадя бермоқ
control	[конт'роул] n бошқариш, v бошқармоқ, контрол қилмоқ
convenient	[конвиньент] adj қулай
convention	[кон'вэншн] n мажлис, қурултой, егилиш
conversation	[конвэсэйшн] n қўнишма, сухбат
convert	[кон'вэт] v айлантирмоқ
convict	[кон'викт] v этироз этмоқ, айибламоқ
convince	[конвинс] v ишонтирмоқ
cook	[кук] v тайёрламоқ, пиширмоқ
cooker	[кукэ] n ошпаз
cool	[ку:л] adj салқин, совуқ
cooperate	[коу'перэйт] хамкорлик қилмоқ
cope	[коуп] v эпламоқ, уддаламоқ
copper	[копер] n мис
copy	[копи] n копия, нусха

cord	[корд] арғамчи, каноп
core	[кор] n ўзак, мағиз
cork	[корк] n пробка, пўкак, v тиқиб бекитмоқ
cork-screw	[коркскру] n штопор
corn	[корн] n дон, уруғ, маккажўҳори
corner	[корнэ] n бурчак
corpse	[корпс] n ўлик
correct	[корэкт] n тўғри, v тузатмоқ
corrupt	[корапт] v йўлдан оздирмоқ, сотиб олмоқ
cost	[кост] v турмоқ(баҳо ҳақида)
costume	[костьюм] n миллий кийим
cosy	[коузи] adj шинам, ҳузурли
cottage	[котиж] n кулба, уйча, коттедж
cotton	[котн] пахта
cotton-wool	[котнвул] пахта
cough	[коф] n йўтал,v йўталмоқ
count	[каунт] v санамоқ
counter	[каунтэр] n прилавка, дўкон стойкаси
country	[кантри] n мамлакат, юрт, қишлоқ
couple	[капл] n жуфт, эр-хотин
courage	[кариж] n қаҳрамонлик, мардлик
courageous	[кэ`рэжэ] n ботир, жасур
course	[корс] n курс, юриш
court	[корт] n ҳовли, суд
courtesy	[кортэси] n назокат, хушфеллик
cousin	[казн] n амакининг, тоғанинг ўғли, қизи

cover	[кавэ]	v ёпмоқ, n қопқоқ, жилд
cow	[кау]	n сигир
coward	[ка́уэрд]	n номард, қўрқоқ
crack	[кра:к]	v чақмоқ
cracker	[крэкэ]	n печенье
cradle	[крэйдл]	n бешик, беланчак
craft	[крафт]	n хунар, касб, моҳирлик
cramp	[кра:мп]	n чангак, томир тортиши
cranberry	[кранбэри]	n клюква
crash	[кра:ш]	n қарс-қурс,v қуламоқ, еқилмо

синмоқ

crave	[крэйв]	v кумсамоқ, хоҳламоқ
crawl	[крол]	n ўрмалаш
crazy	[крэйзи]	n жинни, мажнун, телба
cream	[крим]	n қаймоқ
crease	[криз]	n бурма, v букмоқ
create	[криэйт]	v яратмоқ, ижод қилмоқ
creature	[кричэ]	n одам, махлуқ
credit	[кредит]	n ишонч, инобат, ор, номус
creep, crept	[крип]	v ўрмаламоқ
crew	[кру]	n экипаж, команда
crib	[криб]	n охур
crime	[крайм]	n жиноят
criminal	[криминл]	adj жиноят, n жиноятчи
cripple	[крипл]	n чўлоқ, v майиб қилмоқ
crisis	[крайзис]	n кризис
critical	[критикл]	adj танқидий

crochet   [крошей] n тўқиш, v тўқимоқ

crockery   [крокери] n идиш-товоқ

crook   [крук] n бурилиш, қайрилиш

crooked   [крукид] adj қингир, инсофсиз

crop   [кроп] n ҳосил, экин, v экин экмоқ

cross   [крос] n хоч, v кесиб ўтмоқ, adj кўндаланг

crossing   [кросинг] n кечув жой

crow   [кроу] v хўроз қичқириши, қарга

crowd   [крауд] n оломон, v тўпланмоқ

crown   [краун] n тож, v тож кийдирмоқ

cruel   [крузл] adj раҳмсиз, золим

crush   [краш] v эзмоқ, босмоқ

crust   [краст] n пўст, пўстлоқ

crutch   [крач] n таёқ

cry   [край] n бақириқ, v йиғламоқ, бақирмо;

cube   [кьюб] n куб

cucumber   [кьюкамбэ] n бодринг

cuff links   [кафлинкс] n илма тугма

cultivate   [культивэйт] v ерга ишлов бермоқ

culture   [калчэ] n маданият

cup   [кап] n чашка, пиёла

cupboard   [капборд] n шкаф, жовон

cure   [кьюэ] n даволаш, v даволамоқ

curious   [кьюрьес] n синчков

curly   [кэрли] adj жингалак

currency   [карэнси] n пул, валюта

current	[карэнт] adj оқадиган, ҳозирги
curse	[кёрс] n ланъат, сўкиниш, v ланъатламоқ
curtain	[кэтн] n парда, v парда осмоқ
custody	[кастэди] n васийлик, v тарбия қилмоқ
custom	[кастэм] n одат, таможня пошлинаси
customer	[кастомэ] n клиент, харидор
cut	[кат] v кесмоқ, қирқмоқ
cute	[кьют] adj айёр
cutlery	[катлери] n пичоқ-мичоқ
cutlet	[катлит] n котлета

D

dad, daddy	[дэд, 'дэди] n дада
dagger	['дагэ] n ханжар
daily	[дэйли] adj ҳар кунги, кундалик
dairy	[дээри] n сут магазини, сут фермаси
dam	[дам] n тўғон
damage	[дамиж] n зарар, v зарар етказмоқ
damn	[дээм] v қарғамоқ
damp	[дамп] n намлик, нам, ҳўл
dance	[данс] n рақс, v рақсга тушмоқ
danger	['дейнжэ] n хавф, хатар, қўрқинч
dangerous	[дейнжэрос] adj хавфли, хатарли
dare	[дээ] v ботинмоқ, журъат қилмоқ
dark	[да:к] adj қоронги, буғдойранг, n
қоронгилик	

darling   [далинг] adj азиз, севимли, қадрдон
date   [дэйт] n тарих, сана, v вақтини кўрсатмоқ
date   [дэйт] n хурмо
daughter   [дотэ] n қиз
daughter-in-law [дотэинло] n келин, янга
dawn   [до:н] nтонг, v тонг отмоқ
day   [дэй] n кун
day off   [дэй оф] дам олиш куни
the day before yesterday[Дэ дэй бифо естэди] илгари куни, кун аввал
dazzle   [дэзл] v кўзни қамаштирмоқ
dead   [дэд] n ўлик
deaf   [дэф] adj кар
deal,dealt   [ди:л] n келишув, битим, v улашмоқ, тарқатмоқ
dear   [ди:э] adj азиз
death   [дэТ'] n қазо, ўлим
debt   [дет] n қарз
decade   ['декад] n ўн кунлик, декада
decay   [ди:кэй] v чиримоқ, айнимоқ, n чириш, тушкунлик
deceive   [ди:сив] v алдамоқ
December   [дисэмбэ] n декабрь
decent   [ди:снт] adj адабли, одамшаванда
decide   [ди'сайд] v хал этмоқ, ечмоқ, қарор қилмоқ

decision   [ди'сижн] n қарор, тўхтам

declare   [диклэйр] v элон қилмоқ, арз қилмоқ

decline   [ди'клайн] v эгилмоқ, рад қилмоқ

decorate   [декерэйт] v безамоқ, мукофотламоқ

decrease   [ди'крис] n кичрайиш, v камайтмоқ

decree   [ди:кри] n фармон, v фармон элон қилмоқ

dedicate   [дедикэйт] v бағишламоқ

deduct   [ди:дакт] v олмоқ, чиқармоқ

deed   [ди:д] n ҳаракат, иш, қилиқ

deep   [ди:п] adj чуқур

deer   [ди:э] n кйик

defeat   [ди:фит] v енгмоқ, n мағлубият

defect   [ди'фект] n етишма

defend   [ди'фенд] n ҳимоя қилиш

defense   [ди'фенс] n ҳимоя, мудофаа

definite   [дифинит] adj муқаррар

degree   [ди'гри] n босқич, даража

delay   [ди:лэй] v қолдирмоқ, ушаб қолмоқ

delicate   [деликит] adj нозик, заиф, кучсиз

delight   [ди'лайт] n лаззат, завқ

deliver   [де'ливэ] v олиб бормоқ, бўшатмоқ

delivery   [де'ливери] n етказиб бериш

demand   [ди'манд] v талаб қилмоқ, сўрамоқ, n
талаб, сўров

democracy   [ди'мокраси] n демократия

demolish   [ди'молиш] v бузмоқ, вайрон қилмоқ

demonstrate [ди'монстрейт] v кўрсатмоқ

denial	[ди'найел] n инкор килиш, рад килиш
denounce	[ди'наунс] v айбламоқ, фош қилмоқ
dense	[денс] adj қуюқ, тигиз
dentist	[дентист] n тиш доктори
deny	[ди'най] v йўқ демоқ
depart	[ди'пат] v жўнаб кетмоқ
department	[дипатмент] n бўлим, министирлик
department store	[дипатмент сто] n катта магазин,

универмаг

departure	[ди'пачэ] v жўнаб кетиш, n жўнаш
depend	[ди'пенд] v қарам бўлмоқ
deposit	[ди'позит] v қўймоқ, n вклад, задатка
depress	[ди'прес] v ранжитмоқ, ташвишга солмоқ
depression	[ди'прешн] n депрессия, умидсизлик,

қайгу

depth	[депт'] n чуқурлик
deputy	[де'пьюти] n депутат, муовин
descend	[ди'сенд] v тушмоқ, пасламоқ
descendant	[ди'сендант] n авлод, насл, уруг
describe	[ди'скрайб] v тасвирламоқ, таърифламоқ
desert	['дезэт] n сахро, v қолдирмоқ, ташламоқ
deserve	[ди'зёв] v сазовор бўлмоқ, эришмоқ
design	[ди'зайн] n ният, гоя, лойиҳа, расм, v

чизмоқ, фикр юргизмоқ

desire	[ди'зайэ] n хоҳиш, истак, хоҳламоқ
desk	[дэск] n ёзув столи
desperate	[деспэрит] adj мард, жасур

despise	[дис'пайз] v нафратланмоқ
despite	[ди'спайт] n ғазаб, жаҳл, -of - ҳатий назар
dessert	[ди'зёт] дессерт, ширинлик, тотли
destination	[дестинэйшн] n тайинлаш, белгиланган жой
destiny	[дестини] n тақдир
destroy	[дис'трой] v вайрон қилмоқ, бузмоқ, йўқ қилмоқ
destruction	[дистракшн] n емириш, вайрон қилиш
detach	[дитач] v ажратмоқ
detail	[дитэйл] n тафсилот, деталь
detain	[дитэйн] v ушлаб қолмоқ, тўхтатиб қолмоқ
detect	[дитект] v очмоқ, топмоқ
deteriorate	[ди'тиэриэрэйт] v ёмонлашмоқ
determine	[дитэмин] v аниқламоқ, хал этмоқ
detest	[ди'тест] v ёмон кўрмоқ, нафратланмоқ
detour	[дитур] v айланиб ўтмоқ
devastate	[девэстэйт] v ҳароб қилмоқ
develop	[дивэлоп] v ривожлантирмоқ
development	[дивэлэпмент] n ривожланиш
device	[ди'вайс] план, схема, девиз
devil	[девл] n шайтон, ажина, иблис
devote	[дивоут] v бағишламоқ
dew	[дью] n шудринг
dial	[дайэл] n циферблат, v телефон номерини

204

ОЛМОҚ

dialect	[дайэлект] диалект, шева
diamond	[даймонд] n олмос, бриллиант
diaper	[дайэпэ] n йўргак
diary	[дайэри] n кундалик дафтар
dictate	[диктэйт] v диктовка қилмоқ, n ёзма

буйруқ

dictionary	[дикшэнэри] n луғат
die	[дай] v ўлмоқ
diet	[дайэт] n пархез
difference	[диференс] n фарқ, хархиллик
different	[диферент] adj хархил, бошқа
difficult	[дификэлт] adj қийн
difficulty	[дификэлти] n қийнчилик
dig, dug	[диг] кавламоқ, кетмон чопмоқ
dignity	[дигнити] n фазилат, унвон
dill	[дил] n укроп, шивит
dilute	[дайльют] v сюолтирмоқ
dime	[дайм] 10 цент
dimension	[дименшн] ўлчаш, катта-кичиклик
diminish	[диминиш] v кичаймоқ
dine	[дайн] v овқатланмоқ
dining-room	[дайнинг-рум] n овқат қиладиган хона
dinner	[динэ] n туш овқати
diplomat	[дипломат] n дипломат
direct	[ди`рект] adv тўгри, v раҳбар қилмоқ,

буйруқ бермоқ

direction	[директшн] n томон, тараф, йўналтириш,
кўрсатма	
director	[директэ] n директор
directory	[директори] n адрес китоби
dirt	[дё:т] n кир, ифлос
dirty	[дёти] adj кир, ифлос
disabled	[дисэйблт] adj майиб бўлган, шикаст
етган	
disadvantage	[дисэдвэнтиж] n ноқулайлик
disagree	[дисэгри] n рози бўлмаслик
disappear	[дисэ'пиэ] v йўқолмоқ, ғойиб бўлмоқ
disappoint	[диса'поинт] v умидини узмоқ, алдамоқ
disaster	[дизастэ] n ҳалокат, офат, мусибат
discard	[дискат] v қайтармоқ, рад этмоқ
disclose	[дисклоуэ] v топмоқ, фош қилмоқ
disconnect	[дисконект] v узмоқ, бўлиб қўймоқ
discount	[дискаунт] v арзон қилмоқ
discover	[дискавэ] v очмоқ, топмоқ
discovery	[дискавэри] n очилиш, кашфиёт
discuss	[дис'кас] v мухокама қилмоқ
discussion	[дискашн] n мухокама
disease	[ди:сиэ] n касаллик
disguise	[дис'гайэ] v кйим ўэгартмоқ, ниқобламоқ
disgust	[дис'гаст] n нафрат, жирканиш
dish	[диш] n овкат, таом
dismiss	[дис'мис] озод қилмоқ, жавоб бермоқ,
бекор қилмоқ	

disobey   [дисо'бей] adj бўйин эгмас
disorder   [дис'ордэ] n тартибсизлик
display   [дисплэй] кўрсатма, кўрсатмок
dispose   [диспоуз] v мойил килмок
dispute   [диспьют] v бахсламок, n бахс
dissolve   [ди'солв] v эритмок
distance   [дистанс] n масофа, оралик
distinct   [дистинкт] adj аник, равшан
distinction [дистинкшн] n фарк, нишон
distinguish [дистингвиш] v айрмок, таниб олмок
distribute   [дистрибьют] v таксим килмок,
таркатмок
district   [дис'трикт] n район, вилаёт
disturb   [дистёб] v безовта килмок
disturbance [дистёбанс] n безовталик
ditch   [дич] n арик
dive   [дайв] v шингимок, n шунгиш
divide   [ди'вайд] v бўлмок
divorce   [ди'ворс] n ажралиш, v ажралмок
do, did, done [ду] v килмок
doctor   [доктэ] n доктор
dog   [дог] n ит
doll   [дол] n кўгирчок
domestic   [до'мэстик] adj уйчи, ички
dominate   [дэминэйт] v баланд келмок
donate   [до'нэйт] v хадя килмок
donkey   [данки] n эшак

207

door	[до:] n эшик
dope	[доуп] n банг, афъюн
dose	[доуз] n мейёр, v қабул қилиш
dot	[дот] n нуқта
double	[дабл] adj иккилик, n қиёфадош
doubt	[даут] n шубҳа, гумон, v шубҳаланмоқ
dough	[доу] n ҳамир
dove	[дав] n каптар
down	[даун] пасга, пастда
doze	[доуз] v мудрамоқ
dozen	[дозен] дюжина (12 дона)
drag	[дрэг] v ташимоқ
drain	[дрейн] v қуритмоқ,n канализация
draugh, draft	[драфт] n шабада, ғуриллаган шамол
draw, drew, drawn	[дро] v тортмоқ, n дуранг
drawer	[дровэ] n жавон
dread	[дрэд] v қўрқмоқ, n қўрқиш
dreadful	[дрэдфул] adj қўрқинчли, даҳшатли
dream, dreamt	[дри:м] туш, орзу, туш кўрмоқ, орзу қилмоқ
dress	[дрэс] n кўйлак, v кийнмоқ
dressmaker	[дрэсмэйкэ] n тикувчи
drink, drank, drunk	[дринк] v ичмоқ, n ичкилик
drip	[дрип] v томчимоқ
drive, drove, driven	[драйв] v мошина ҳайдамоқ
driver	[драйвэ] n шофёр, ҳайдовчи
drop	[дроп] n қатра, томчи, v томчимоқ

drown	[драун] v чўкмоқ, чўктирмоқ
drug	[драг] n дори, наркотик
drugstore	[драгсто] n дорихона
drum	[драм] n ногора
drunk	[дранк] n пиёниста
dry	[драй] adj қуруқ
duck	[дак] n ўрдак
due	[дью] тегишли, муносиб
dull	[дал] adj анқов, бефаҳм
dumb	[дам] n соқов
dumpling	[дамплинг] n чучвара
durable	[дьюрэбл] adj мустаҳкам, маҳкам
during	[дьюринг] давомида, ичида
dust	[даст] n чанг, v чанг артмоқ
duty	[дьюти] n қарз, вазифа
dye	[дай] бўёқ, бўямоқ

E

each	[ич] pron ҳар қайси
eager	['игэ] adj қизғин, юрагида ўти бор
eagle	[и:гл] n бургут
ear	[и: э] n қулоқ
ear	[и:э] n бошоқ
early	['ээ:ли] adj эрта, вақтли
earn	[зорн] v пул топмоқ, сазовор бўлмоқ
earnst	[о: нист] adj жиддий, ишончли
earnings	[о:нингэ] n ойлик

earring	[иэринг] n исирға
earth	[з:Т] n ер
earthquake	['эТквейк] n ерқимирлаш
ease	[и:з] n енгиллик
east	[и:ст] n шарқ, adj шарқий
Easter	[и:стэ] n пасха (христиан ва ёхудийларни диний байрами)
eastern	[и:стэн] adj шарқий
easy	[и:зи] adj енгил, эркин, бемалол
eat, ate, eaten	[и:т] v емоқ
echo	['экоу] n эхо, v қайтармоқ
economy	[и:кономи] n иқтисод
edge	[эж] n чекка, учи, тиғ чеккаси
edible	['эдибл] adj ея бўладиган
edit	['эдит] v таҳрирламоқ
edition	[эдишн] n нашр
editor	[эдитэ] n муҳаррир
educate	[здьюкейт] v саводланмоқ, тарбияламоқ
education	[эдьюкейшн] n саводлик, тарбиялик
efface	[и'фэйс] v артмоқ, ўчирмоқ
effect	[и'фэкт] n натижа, харакат
efficient	[и'фишнт] adj ишчан, бамаъни
effort	['эфэт] n тиришиш, зўр бериш
e.g.	[и' жи] масалан
egg	[эг] n тухум
Egyptian	[ижипшн] n мисрли
eight	[эйт] num саккиз

eighteen	[эйтин] num	ўн саккиз
eighth	[эйт] num	саккизинчи
eighty	[эйти] num	саксон
either	['айдэ] adj	хар қайси
elbow	[элбоу] n	тирсак
elder	['элдэ] adj	катта, бош
elderly	[элдэли] n	кекса
eldest	[элдист]	энг каттаси
elect	[элект] v	танламоқ, сайламоқ
election	[элекшн] n	сайлов
elegant	[элегант] adj	нафис, нозик
element	[элемент] n	элемент
elementary	[элементари]	элементар, бошлангич
elephant	[элифант] n	фил
elevate	[эливэйт] v	кўтармоқ
elevator	[эливэйтэ] n	лифт
eleven	[илэвн] num	ўн бир
eleventh	[илэвнт] num	ўн биринчи
eliminate	[и'лиминэйт] v	чиқармоқ, ўчирмоқ,

йўқотмоқ

else	[элс] adj, adv	яна, ундан ташқари
elsewhere	[элсвээ]	бир қаерда, бошқа жойда
embankment	[инбанкмент] n	дарё бўйи, анҳор бўйи
embark	[имбак] v	кемага ўтирмоқ
embarrass	[имбарэс] v	уялтирмоқ
embassy	['эмбаси] n	элчихона
emblem	[эмблем] n	эмблема, шимвол, белги, рамз

211

embody	[им'боди] гавдалантирмоқ, юзага
чиқармоқ	
embrace	[им'брэйс] v қучоқлашмоқ, n қучоқ
embroider	[им'бройдэ] v кашта тикмоқ
emerald	['имэрэлд] n зумрад
emerge	[и'мэж] v кўринмоқ, чиқмоқ
emergency	[и'мэжэнси] n оғир вазият, adj ёрдамчи
eminent	['эминент] adj атоқли
emotion	[и'моушн] n ҳаяжон, ташвиш, ҳис
emperor	[им'пэрэ] n император
emphasize	[эмфэсайз] v тагини чизмок, таъкидламоқ
empire	['эмпайэ] n империя
employ	[им'плой] v ишлатмоқ, хизматда
ушламоқ	
employee	[эмплойи] n ҳизматчи, ишчи
employer	[эмплойер] n хўжайин, иш бошлиғи
employment	[им'плоймент] n иш, ҳизмат
empty	['эмпти] adj бўш, v бўшатмоқ
enable	[и'нэйбл] v имконият бермоқ
encounter	[ин'каунтэ] n учрашув, тўқнашув, v
учрашмоқ	
encourage	[ин'кариж] v далда бермоқ, қизиқтирмоқ
end	[энд] n тамом, v тугамоқ
endeavor	[ин'дэвэ] v уринмоқ, n уриниш
endless	[эндлис] adj бепоён
endurance	[ин'дьюранс] n чидамлик, чидам
enemy	[эними] n душман, ёв

energy   [энижи] n энергия, куч

enforce   [ин'фос] v қистамоқ, зўрламоқ, амалга оширмоқ

engage   [ин'гэйж] v ёлламоқ, кирага олмоқ

engine   [ин'жин] n мотор, паровоз

engineer   [инжи'ниэ] n инженер, механик

English   [инглиш] adj инглизча

Englishman   [инглишмэн] n инглиз

enjoy   [ин'жой] v роҳатланмоқ

enlarge   [ин'лаж] v кенгаймоқ, кўпаймоқ

enmity   [эн'мити] n душманлик, адоват

enormous   [и'номэс] adj катта, улкан

enough   [и'наф] adj етар, етарли

enrich   [инрич] v бойитмоқ

enter   ['энтэ] v кирмоқ, рўйхатга киргизмоқ

enterprise   [энтэрпрайз] n корхона, эпчиллик, ташаббускорлик

entertaiment   [энтэтэймэнт] n томоша

entire   [интайэ] adj тўла, бутун, тўлиқ

entrance   [эн'трэнс] n кириш

entry   [энтри] n кириш, чиқиш(саҳнага)

envelope   [энвилоуп] n конверт, жилд

envious   ['энвиэс] adj кунчи, хасадчи, очкўз

environment   [ин'вайрэнмент] n муҳит, ора, атрофдагилар

envy   ['энви] n ҳасад, v ҳасад қилмоқ

epoch   ['и:пок] n давр

equal   ['и:квэл] adj баравар, тенг, v
тенглашмоқ

equator   [и'квэйтэ] n экватор

equip   [и'квип] v шайламоқ, отлантирмоқ

equipment   [и'квипмент] n керак-яроқ, асбоб

era   ['иэрэ] n эра, давр

erase   [и'рэйв] v резинка билан ўчириш

erect   [и'рэкт] v тикламоқ, қуримоқ, adj тўгри,
теккиз

error   ['иэрэр] n янглиш, ҳато

eruption   [и'рапшн] n отилиб чиқиш

escape   [ис'кейп] v қочмоқ, n қочиш

escort   ['эско:т] n соқчи, қоровул, v илова
қилмоқ

especially   [ис'пэшэли] adv маҳсус

essay   ['эсэй] n очерк, уриниш, v уринмоқ

essence   [эснс] n моҳият, асос, эссенция

essential   [и'сэншл] adj керакли, муҳим

establish   [ис'тэблиш] v тузмоқ, ташкил қилмоқ

establishment   [ис'тэблишмент] n асослаш, идора,
муассаса

estate   [ис'тэйт] n ер-мулк, мол-мулк, real
estate   **кўчирилмас мулк**

esteem   [ис'ти:м] v ҳурматламоқ, n ҳурмат

estimate   [эстимейт] v бажо бермоқ,[эстимит] n
баҳолаш, смета

Estonian   [эстониан] n эстон

214

etc.	[этсэтрэ]	ва ҳоказо
European	[юэропиэн]	n европалик
evacuate	[и'вакьюэйт]	v эвакуация қилмоқ
evaporate	[и'вапэрэйт]	v парга айланмоқ
eve	[и:в]	n арафа
even	[и:вэн] adv	ҳатто, ҳаттоки
evening	[ивнинг]	n кеча
event	[и'вэнт]	n ҳодиса, воқеа
ever	['эвэ]	бирқачон
every	[эври]	ҳар қайси
everybody	[эврибоди] pron	ҳар қайси, ҳаммаси
everyday	[эвридэй] pron	ҳар куни
everything	[эвриТинг] pron	ҳар нарса
everywhere	[эвривээ] adv	ҳар ерда, ҳар қаерда
evidence	['эвидэнс]	n аниқлик, ойдинлик, далил, исбот
evident	['эвидэнт] adj	аниқ, ойдин
evil	[и:вл] adj	ярамас, ёмон, ёмонлик
evince	[и:винс]	v намоён қилмоқ
exact	[иг'зэкт]	n аниқ, чин
exaggerate	[иг'зажэрэйт]	v орттириб юбормоқ
exalt	[иг'золт]	v юқори кўтармоқ
examination	[игзаминэйшн]	n имтиҳон, текшириш
examine	[игзамин]	v имтиҳонламоқ, текширмоқ
example	[игзэмпл]	n намуна
excavate	[экскэвэйт]	v кавламоқ
excavator	[экскэвэйтэ]	экскаватор

exceed	[ик'си:д] v оширмоқ
exceedingly	[ик'сидингли] adv фавқулодда
excel	[ик'сэл] v устун чиқмоқ, ошиб кетмоқ
excellent	[эксэлэнт] adv жуда яхши, аъло даражали
except	[ик'сэпт] adv -дан бошқа, -дан ташқари
exception	[ик'сэпшн] маҳсус, алоҳида
excess	[ик'сэс] adv ортиқ, кўп
exchange	[икс'чэнж] n алмошиш, майдалаш, биржа, v алмаштирмоқ
excite	[ик'сайт] v қўзғатмоқ
exclaim	[иксклэйм] v ҳитоб қилмоқ
exclusive	[икс'клюзив] adj махсус
excursion	[икскёшн] n экскурсия
excuse	[экскьюз] v кечирмоқ, n кечириш
execute	[эхзикьют] v бажармоқ, жазоламоқ
execution	[эхзикьюкишн] n бажариш, қатл, ўлим жазоси
executive	[эхээкьютив] adj ижроия, n бажарувчи
exercise	[эксэсайз] n машқ, v машқ қилмоқ
exert	[иг'зэт] v таранг қилмоқ
exhibit	[иг'зибит] v кўрсатмоқ
exhibition	[игзибишн] n кўрсатма, выставка
exile	[игзайл] n сургун, қувғин
exist	[игзист] v яшамоқ
exit	[эксит] n чиқиш
expansion	[икс'паншн] n кенгайтириш, экспансия
expatriate	[экс'патриэйт] v ватанидан ҳайдамоқ

expect   [экспэкт] v кутмоқ, умид қилмоқ

expedition   [экспедишн] n экспедиция, тезлик

expel   [икспэл] v хайдамоқ

expenditure   [икс'пендичэ] n харажат

expense   [икспэнс] n харажатлар, чиқимлар

expensive   [икспэнсив] adj қиммат, баҳоли

experience   [икс'пэриенс] n тажриба, v бошдан
кечирмоқ

experiment   [икспэримент] n эксперимент, v синаб
кўрмоқ

expert   [экспэт] adj тажрибали, билимли,
билармон, эксперт

expire   [икспайэ] ўтмоқ, чиқмоқ (вақти)

explain   [иксплэйн] v тушунтирмоқ

explanation   [иксплaнэйшн] n тушунтириш, изоҳлаш

explode   [икс'плоуд] v портламоқ

explore   [икс'пло:] v текширмоқ

explosion   [иксплoжн] n портлаш

explosive   [икс'плоузив] портлаш, портлаш
материаллари

export   [экспо:т] v экспортламоқ, (молни) бир
ёққа чиқармоқ, n экспорт, чиқариш

expose   [икспоуз] v кўрсатмага чиқармоқ

express   [икспрес] v ифодаламоқ, фош қилмоқ, n
тез, экспресс

expression   [икс'прешн] n ифода қилиш

expressive   [икс'прессив] adj маъноли

extend	[икс'тэнд] v чўзилмоқ
exterior	[экстериэ] adj ташқи, n ташқи кўриниши
external	[экс'тэрнэл] adj ташқи
extinguish	[икс'тингвиш] v ўчирмоқ
extra	[экстра] adj қўшимча, ортиқ, экстра
extract	[икстракт] v чиқармоқ, n экстракт
extraordinary	[икстраординари] ғавқулодда, ажойиб
extravagant	[икстравэгэнт] adj бемаъни,

тентакларча

extreme	[икстрим] adj кескин, ҳаддан ташқари
exult	[икзалт] v шодланмоқ, хурсанд бўлмоқ
eye	[ай] n кўз
eyebrow	[айбрау] n қош
eyelash	[айлаш] n киприк
eyelid	[айлид] n кўз қовоғи

F

fabric	[ғабрик] n газмол
face	[ғэйс] n бет, юз, чеҳра
facility	[ғэ'силити] n енгиллик, қулайлик
fact	[ғакт] n ғакт, ҳақиқат, воқиълик
factory	[ғэктори] n ғабрика, завод
faculty	['ғэкэлти] n қобилият, ғакультет
fade	[ғэйд] v солимоқ
fail	[ғэйл] v камлик қилмоқ,

еқилмоқ(имтиҳонда)

failure	[ғэйлиэ] n иш ўнгмаслик

faint   [фэйнт] adj кучсиз, заиф, v хушдан кетмоқ

fair   [фээ] n ярмарка, бозор

fair   [фээ] adj гўзал, ҳалол, адолатли

fairy-tale   [фээритэйл] n эртак

faith   [фэйт'] n имон

faithful   [фэйтфул] adj имонли, вафодор

falcon   [фэлкон] n лочин

fall, fell, fallen [фо:л] v тушмоқ, n еқилиш, амер. куз

false   [фо:лс] adj ёлгон, нотўгри, сўнъий

fame   [фэйм] n шухрат, таниқлик

familiar   ['фэмилиэ] adj яхши таниш, бетакаллуф

family   ['фэмили] n оила, уруг, кабила

famine   ['фэмин] n очлик

famous   ['фэймэс] adj таниқли, машхур

fan   [фэн] n елпигуч, вентилятор, v елпимоқ

fan   [фан] n ҳаваскор, ишқибоз

fancy   [фэнси] n ҳаёл, фантазия

far   [фа;] adv узоқ

fare   [фиэ] n йўл кираси

farewell   [фиэвэл] n хайрлашув

farm   [фа:м] n ферма, v ер чопмоқ

farmer   [фа:мэ] n фермер

farther   [фа:Дэ] adv ундан кейин

fascinate   [фасинэйт] v мафтун этмоқ

fashion   [фэшн] n мода, расм

fast   [фаст] adj тез, илдам

fasten   [фасн] v бириктирмоқ, уламоқ

fat	[фэт]	adj семиз
fate	[фэйт]	n тақдир
father	[фаДэ]	n ота, дада
father-in-law	[фаД'эинло]	n қайната
fatherland	[фаДэлэнд]	n ватан
fatigue	[фэ'тиг]	n чарчаганлик, v чарчатмоқ
fault	[фо:лт]	n камчилик, хато, айиб
favorite	[фэйворит]	adj севикли, арзанда, манзур
fear	[фиэ]	n қўрқинч, дахшат, n қўрқмоқ
feast	[фи:ст]	n зиёфат
feat	[фи:т]	n қахрамонлик
feather	[фэДэ]	n қуш пати
feature	[фичэ]	n хусусият, фазилат
featuring	[фичеринг]	ролларда қатнашади
February	[фебруари]	n февраль
fee	[фи:]	n гонорар, взнос, ҳақ
feed, fed	[фи:д]	v боқиш, озиқлантириш, едириш
feeble	[фи:бл]	adj заиф
feel, felt	[фи:л]	v хис этмоқ, сезмоқ
feeling	[фи:линг]	n хис
fell	[фэл]	v чопмоқ, кесмоқ
fellow	[фэлоу]	n йигит, ўртоқ, ошна
female	[фимэйл]	n хотин қизлар, урғочи
fence	[фэнс]	v тўсмоқ, n тўсиқ, деворча
ferocious	[фэроушэ]	n қахрлилик, ёвузлик
fertile	[фэ:тайл]	adj хосилдор
fertilizer	[фэтилайзэ]	ўғит, гўнг

220

fervent	[фэвэнт] adj қизғин, жўшқин
fervour	[фэвэ] n иситма, иссиқлик,завқ
fetch	[фэч] v олиб келмоқ, бориб келмоқ
feudalism	[фьюдализм] n феодаллик
fever	[фивэ] n иситма, безгак
few	[фью] pron, adj бироз, сал, бирқадар
fiction	[фикшн] n тўқима, афсона, беллетристика
field	[фи:лд] n дала
fifteen	[фифтин] num ўн беш
fifteenth	[фифтинТ] num ўн бешинчи
fifth	[фифТ] num бешинчи
fiftieth	[фифтиТ] num эллигинчи
fifty	[фифти] num эллик
fight	[файт] v курашмоқ, жанг бермоқ, n жанг, уруш
fighter	[файтэ] n жангчи, курашчи
figure	[фигэ] n шакл, фигура, цифр, рақам
file	[файл] n қатор, шеренга, v шеренгада юрмоқ
file	[файл] n папка, иш, картотека
fill	[фил] v тўлдирмоқ, тишга пломба қўймоқ
film	[филм] n фильм, пленка, кинога олмоқ
filter	['филтэ] n фильтр, v фильтрламоқ
final	[файнэл] adj оҳирги, сўнгги
finally	[файнэли] adv оҳир, ниҳоят, хуллас
finance	[файнэнс] n молия, маблағлар, v маблағ чиқармоқ

find, found, found	[файнд] v топмоқ
find out	[файнд аут] v очмоқ, топмоқ
fine	[файн] n штраф, v штрафламоқ
fine	[файн] adj аъло даражали, жуда яхши
finger	[фингэ] n панжа
finish	[финиш] v тугатмоқ, n тамом
Finnish	[финиш] n финн
fire	[файэ] n ўт, v ўт кетмоқ, ўт очмоқ
fireman	[файэрмэн] пожарник, ўт ўчирувчи
fireplace	[файрплэйс] n ўчоғ, камин
firm	[фо:м] n фирма
firm	[фо:м] adj қаттиқ, маҳкам
first	[фёст] adj биринчи, бошидан
fish	[фиш] n балиқ
fisherman	[фишэмэн] n балиқчи
fist	[фист] n мушт
fit	[фит] n тутқоқ
fit	[фит] adj ярайдиган, v ярамоқ
five	[файв] num беш
fix	[фикс] v маҳкамламоқ
fixed	[фикст] adj қўзғалмас
flag	[флэг] n байроқ, шиор
flakes	[флэйкс] n парча, парчалар
flame	[флэйм] n аланга, олов, v ловуллаб ёнмоқ
flap	[флэп] v хилпирамоқ, n қанот қоқиш
flash	[флэш] v ярқирамоқ, милтиллаб

кўринмоқ, бирдан ёниб кетиш

flashlight	[флэшлайт] n	кўл фонари
flat	[флэт] n	квартира
flatter	[флэтэ] v	хушомад қилмоқ
flavor	[флэйвэ] n	ёқимли там
flaw	[фло:] n	камчилик
flea	[фли] n	бурга
flee, fled	[фли] v	қочмоқ, қочиб қутилмоқ
flesh	[флэш] n	тана, бадан, жисм
flexible	[флэксбл] adj	букилучан
flight	[флайт] n	учиш, v парвоз қилиш
fling, flung	[флинг] v	ташламоқ
float	[флаут] v	сузмоқ
flock	[флок] n	пода, v егилмоқ
flood	[флуд] n	тошқин, v тошмоқ
floor	[фло:] n	этаж, қават
flour	[флауэ] n	ун
flourish	['флориш] v	яшнамоқ, ривожланмоқ
flow	[флоу] n	оқим, v оқмоқ
flower	[флауэ] n	гул, v гулламоқ
fluent	[флуэнт] adj	тез, чаққон, теккис
fluid	[флюид] adj	суюқ, n суюқлик
flutter	[флатэ] v	силкитмоқ, қоқмоқ
fly, flew, flown	[флай] v	учмоқ
fly	[флэй] n	пашша
foam	[фоум] n	кўпик
fog	[фог] n	туман
fold	[фоулд] v	тахламоқ, n бурма

folk	[фолк] n одамлар, қариндош
follow	[фолоу] v орқасидан кетмоқ
following	[фолоуинг] adj галдаги, кейинги
folly	[фоли] n тентаклик
food	[фуд] n озик, овқат
foodstuffs	[фудстафз] озик-овқат
fool	[фул] n аҳмоқ, тентак, v тентакламоқ
foolish	[фулиш] n тентак, аҳмоқ
foot	[фут] n оёқ
footstep	[футстэп] n қадам
for	[фо:] учун, -дан
forbid, forbade, forbidden	[фо:бид] v ман қилмоқ, тақиқламоқ
force	[фо:с] n куч, v мажбур этмоқ
forced	[фо:ст] adj мажбурий
foreground	[фограунд] n олдинги план
forehead	[фохэд] n пешана
foreign	[форин] adj ажнабий
foremost	[форемоуст] adj илгор, олдинги
forest	[форист] n ўрмон
foretell	[фотэл] v олдиндан айтиб бермоқ
forever	[фор эвэ] adj абадий равишда, умрбод
foreword	[фовэд] n сўзбоши
forgery	[фожэри] n ясама, сохта
forget, forgot, forgotten	[фогет] v эсдан чиқармоқ
forgive, forgave, forgiven	[фогив] v кечирмоқ, афв этмоқ

fork	[фо:к] n	вилка
form	[фо:м] n	форма, ,бланк, анкета
formal	[фо:мэли] adj	расмий, формал
formation	[фо:мэйшн] n	тузиш
former	[фо:мэ] adj	бурунги, аввалги
formerly	[фо:мэли] adv	аввал, бирвақт
forth	[фо:т] adv	олга
forthcoming	[фо:ткаминг] n	келажак
fortieth	[фо:тиет] num	қирқинчи
fortify	[фо:тифай] v	мустаҳкамламоқ
fortitude	[фо:титьюд] n	матонат, жасурлик
fortnight	[фо:тнайт] n	икки ҳафта
fortunate	[фочунит] adj	бахтли
fortune	[фо:чун] n	бахт, тақдир, бойлик
forty	[фо:ти] num	қирқ
forward	[фо:вад] adv	олга, v жўнатмоқ
foul	[фо:л] adj	ифлос қилинган, ифлос
found	[фаунд] v	ташкил қилмоқ, тузмоқ
foundation	[фаундэйшн] n	пойдевор, фундамент
fountain	[фаунтин] n	фонтан
four	[фо:] num	тўрт
fourteen	[фо:тин] num	ўн тўрт
fourteenth	[фо:тинт] num	ўн тўртинчи
fourth	[фо:т] num	тўртинчи
fowl	[фаул] n	уй паррандалари
fox	[фокс] n	тулки
fraction	[фракшн] n	каср

fragil	[фражайл] adj мўрт, тез синадиган, заиф
fragrance	[фрэйгранс] n хушбўй ис
frail	[фрейл] adj заиф
frame	[фрэйм] v рамкага солиш, n рама
frank	[фрэнк] adj самимий, чин
fraternal	[фратернал] n биродар
fraud	[фрод] n ёлғон, ёлғончи
free	[фри] adj озод, текин, очиқ, v озодламоқ
freedom	[фридом] n озодлик
freeze, froze, frozen	[фри:з] v музлатмоқ, музламоқ
freight	[фрейт] n юк, оғирлик
French	[фрэнч] adj, n француз
frequent	[фриквэнт] adj тез-тез бўладиган
fresh	[фрэш] adj янги, тоза
Friday	[фрайдэй] n жума
friend	[фрэнд] n дўст, ўртоқ
friendship	[фрэндшип] n дўстлик
fright	[фрайт] n қўрқиш, чўчиш
frightful	[фрайтфул] adj даҳшатли
frog	[фрог] n бақа
from	[фром] қаердан
front	[фронт] n олдинги томон, фронт
frost	[фрост] n совуқ, аёз
fruit	[фрут] n мева
fry	[фрай] v қовурмоқ
frying pan	[фраингпэн] n таба
fuel	[фьюл] n ёқилги

fulfill   [фулфил] v бажармоқ, амалга оширмоқ

full   [фул] adj тўла

fun   [фан] n ҳазил, шодлик

function   [фанкшн] n функция, мажбурият, v
ҳаракат қилмоқ

fund   [фанд] n запас, фонд

fundamental   [фундаментал] adj асосий

funeral   [фьюнерел] n кўмиш, дафн

funny   [фани] adj қизиқ, ғалати

fur   [фэ:] n тери

furious   [фьюэризс] adj газабланган

furnace   [фё: нис] n печка, ўтхона, ўчоғ

furnish   [фёниш] v таъминламоқ, жиҳозламоқ

furniture   [фёничэ] n жиҳоз, мебель

furrow   [фароу] n эгат

further   ['фэдэ] adv хуш, ундан кейин, анча
узоқлашган

furtive   [фэтив] adj сирли, яширин

fury   [фьюэри] adj қутурган, n газаб, жаҳл

fuss   [фас] n оварагарчилик, v овара бўлмоқ

futile   [фьютайл] adv бефойда

future   [фьючэ] n келажак

                        G
gaily   [гейли] adv шод, қувноқ

gain   [гейн] n фойда, ютиш, v ишлаб топмоқ,
ютмоқ

227

gall	[гоːл] n сафро, газаб	
gallery	['галэри] n галерея	
gallon	['галэн] n галлон(3,78 л)	
gallows	['галоуз] n дор	
gamble	[гамбл] v ўйнамоқ (қимор)	
gambler	[гамблэ] n ўйинчи	
game	[гейм] n ўйин	
gang	[ганг] n бригада, шайка, банда, тўда	
gap	[гап] n тешик, ёриқ, оралик	
garage	[гараж] n гараж	
garbage	[гарбиж] n ахлат	
garden	[гаːдн] n боғ	
gardener	[гаднэ] n боғбон	
garlic	['галик] n саримсоқ	
gas	[газ] n газ	
gasoline	[газолин] n газолин, бензин	
gate	[гейт] n дорвоза, эшик	
gather	['гадэ] v егмоқ	
gay	[гей] adj шод, хурсанд	
gaze	[гейз] v қарамоқ	
gear	[гиз] n асбоб, буюм, ашъё	
gem	[жем] n қимматбахо тош, хазина	
general	['женерэл] adj умумий	
generation	[жене'рэйшн] n авлод	
generous	['женерэс] ad олижаноб, химматли	
gentle	[жентл] adj нозик, юмшоқ, ёқимли	
gentleman	[жентлмэн] n джентльмен, жаноб	

228

genuine [женьюн] adj астойдил, чин, самимий

Georgian [жоржиэн] n гурж

germ [жэм] n микроб, пушт

German [жэман] n алъман, немис

gesture [жесчэ] n имо-ишора

get, got [гет] v олмоқ, топмоқ, бўлмоқ

get in [гет ин] v кирмоқ

get out [гет аут] v йўқол, чиқмоқ

get up [гет ап] v турмоқ

ghost [гоуст] n ҳаёлий шарпа

giant [жайэнт] n жуссаси катта одам, полвон

gift [гифт] n совға, ҳадъя

ginger [жинжэ] n занжабил

gipsy ['жипси] n лўли

girl [гё:л] n қиз

give, gave, given [ги:в] v бермоқ, (завқ) келтирмоқ

give in [гив ин] v кўнмоқ, йўл бермоқ, тан
бермоқ

give up [гив ап] v ташламоқ(ўқишни, ишни)

glad [глэд] adj мамнун, хурсанд

glamorous [глАмэрэс] adj жозибали

gland [гланд] n без

glass [глас] n ойна, стакан

glasses [гласис] n кўзойнак

glitter ['глитэ] v ялтирамоқ, ялтираш

globe [глоуб] n ер шари, глобус

gloomy [глуми] adj қайғули, ғамгин

glorious	[ГЛОРИЭС] adj яхши, ёқимли
glory	[ГЛОРИ] n шон, шараф
glove	[ГЛАВ] n қўлқоп
glow	[ГЛОУ] v ловулламоқ, n олов, чўг
glue	[ГЛЮ] n елим
go, went, gone	[ГО] v юрмоқ, кетмоқ
go in	[ГО ИН] v кирмоқ
go on	[ГО ОН] v давом этмоқ
go out	[ГО АУТ] v чиқмоқ
goal	[ГОУЛ] n мақсад, гол
goat	[ГОУТ] n эчки
god	[ГОД] n худо
gold	[ГОЛД] n олтин, тилла
golden	[ГОЛДЕН] adj олтин
good	[ГУД] adj яхши, n фойда, яхши ният
good-bye	[ГУДбАЙ] n хайр
good-looking	[ГУДЛУКИНГ] adj чиройли, яхши кўринишли
goods	[ГУДЗ] n моллар
goose	[ГУ:З] n гоз
gorgeous	[ГОРГЭС] adj ҳашаматли
gossip	['ГОСИП] n гийбат, чақимчилик, бўхтон, гийбат қилмоқ
govern	[ГАВЭН] v раҳбарлик қилмоқ
government	[ГАВЭНМЭНТ] n ҳукумат
gown	[ГАУН] n кўйлак
grab	[ГРАБ] v ушламоқ, қўлга олиш

grade	[грейд] n синф(мактабда), даража, сифат, v сифатламоқ
gradual	[градьюэл] adj секин-аста
graduate	[градьюэйт] v олий мактабни битирмоқ, n олий мактабни битирган
grain	[грейн] n дон, ушоқ, тола
grand	[грэнд] adj улугвор, ҳашаматли
grandchild	[грэндчайлд] n невара
grandfather	[грэндфадэ] n бобо
grandmother	[грэндмадэ] n буви
grant	[грант] v бажо келтирмоқ, сийламоқ
grape	[грэйп] n узум
grasp	[grasp] v қисмоқ (қўлда), тушунмоқ
grass	[грас] n кўкат, ўт, майса
grate	[грейт] n панжара, v қирмоқ
grateful	[грейтфул] adj миннатдор
grave	[грейв] n гўр
gravy	[грэйви] n қайла (гўштли)
gray	[грэй] adj бўз ранг, оқ соч
grease	[гри:з] n ёг, мой, v суркамоқ(ёгни)
great	[грейт] adj улуг, катта
greedy	[гри:ди] adj қизганчиқ, ҳасис
green	[гри:н] adj яшил, кўк, сабза
greet	[гри:т] v саломлашмоқ, таъзим қилмоқ
greeting	[гри:тинг] n табрик, салом
grief	[гри:ф] n гам, қайгу
grill	[грил] v кўрада қовуриш

grin   [грин] v кулимсираш, илжаймоқ
grind, ground   [грайнд] v туймоқ, янчимоқ
grocery   [гроусэри] n баққоллик
ground   [граунд] n ер, тупроқ
group   [груп] n группа, v тўдалашмоқ
grow, grew, grown [гроу] v ўсмоқ, ўстирмоқ, парвариш
қилмоқ
grown up   [гроун ап] n катта одам
grumble   [грамбл] v вайсимоқ
guarantee   [гаранти] n гарантия, v гарант бермоқ,
кафил бўлмоқ
guard   [га:д] n қоровул, гвардия,
проводник(поезда)
guess   [гес] v ўйлаб топмоқ, ўйламоқ, n гумон
guest   [гест] n меҳмон
guide   [гайд] n гид, раҳбар, йўлланма, v
раҳбарлик қилмоқ
guilt   [гилт] n айиб, гуноҳ
guilty   [гилти] n айибдор
gum   [гам] n сақич, елим, v елимламоқ
gun   [ган] n ўқотар қурол, тўппонча, тўп
gurgle   [гэгл] v жилдирамоқ
guts   [гатс] n ичак-чувоқ
guy   [гай] n йигит
gymnasium   [жимназиэм] гимнастик зали

habit	[хэбит] n одат, урф-одат
hair	[хээ] n соч
hairdresser	[хээдрэсэ] n сартарош
half	[ха:ф] n ярим, adv ярим (тўла)
hall	[хо:л] n зал, даҳлиз
ham	[хэм] n ветчина, чўчқа гўштидан қилинган емак
hammer	[хамэ] n болға, болғача
hand	[хэнд] n қўл, соат стрелкаси, v топширмоқ
handbag	[хэндбэг] n хотин-қизлар сумкаси
handkerchief	[хэндкэчиф] n дастрўмол
handle	[хэндл] n банд, тутқич, v тегмоқ
handsome	[хэндсом] adj чиройли (эркаклар ҳақида)
handy	[хэнди] adj қулай, эпчил, моҳир
hang, hung	[хэнг] v осилмоқ, осмоқ
happen	[хэпэн] v бўлмоқ
happiness	[хэпинэс] n бахт
happy	['хэпи] adj бахтли
harbor	[ха:бэ] n гавань(кемалар турадиган жой)
hard	[хад] adj маҳкам, қаттиқ, қийин, оғир, adv ғоят, жуда
hare	[хээ] n қуён
harm	[ха:м] n зарар, v зарар келтирмоқ

harvest	[хавист] n ўроқ маҳали, ҳосил
hat	[хэт] n шляпа, қалпоқ
hate	[хейт] v ёмон кўрмоқ, нафрат
haul	[хо:л] v тортмоқ, буксир қилмоқ
have, had	[хэв] v бўлмоқ, бор бўлмоқ
hay	[хей] n хашак
he	[хи] pron у
head	[хэд] n бош, бошлиғ, сарлавҳа, v раҳбарламоқ
headache	[хэдэйк] n бош оғриғи
heal	[хи:л] v тузалмоқ, битмоқ(яра)
health	[хелт'] n соғломлик, сиҳат-саломатлик
healthy	[хелти] adj соғлом
hear, heard	[хиэ] v эшитмоқ
hearing	[хиеринг] n эшитиш, v ишни кўриш
heart	[хэо:т] n юрак, ўртаси
hearth	[хэ:т] n ўчоғ
heat	[хи:т] adv иссиқ, v иситмоқ
heating	[хи:тинг] n иситиш
heaven	[хевн] n осмон
heavy	[хеви] adj оғир
hectare	[хектэ] гектар
heel	[хи:л] n товон
height	[хайт] n баландлик, бўй, тепалик
heir	[иэ] n меросхўр
hell	[хел] n дўзах, жаҳаннам
hello	[хэлло] n салом

help	[хелп] v ёрдам бермоқ, n ёрдам	
hen	[хен] n товуқ	
her	[хё] у, уники(хотин-қизлар ҳақида)	
herb	[хэ:б] n доривор ўт, кўкат	
here	[хиэ] бу ерда, бу ерга	
heritage	[херитиж] n мерослик	
hero	[хиэроу] n қаҳрамон	
herself	[хёселф] ўзини, ўзи	
hesitate	[хеситейт] v иккиланмоқ	
hide, hid, hidden	[хайд] v беркинмоқ	
high	[хай] adj баланд	
high school	[хай скул] n ўрта мактаб	
highway	[хайвэй] n катта, кенг йўл	
hill	[хил] n тепа	
him	[хим] унга (эркак кишига)	
himself	[химселф] ўзини (эркак ҳақида)	
hint	[хинт] n имо, ишора, киноя	
hip	[хип] n сон	
hire	[хайэ] v ёлламоқ, кирага олмоқ	
his	[хиз] унинг, уники (эркак ҳақида)	
history	[хистори] n тарих	
hit	[хи:т] v урмоқ, n муваффақият, омад	
hive	[хайв] n арихона, ари уяси	
hobby	[хоби] n хобби, яхши кўрган иш	
hold, held	[хоулд] v ушламоқ, сиғдирмоқ	
hole	[хоул] n тешик, уя	
holiday	[холиди] n байрам, отпуск, каникул	

hollow   [холоу] adj буш, пук, бугиқ(овоз) n
бушлик
holy   [хоули] adj муқаддас, n авлиё
home   [хоум] n уй, ички (иш)
honest   ['онист] adj ҳалол
honey   ['хани] n асал, бол
honeymoon   [ханимун] n уйлангандан кейинги
биринчи ой
honor   ['оно] n ҳурмат, иззат, v ҳурматламоқ
hoof   [ху:ф] n туёқ
hook   [хук] n илгак, v илгамоқ
hope   [хоуп] n умид, v умид қилмоқ
horrible   [хорибл] adj даҳшатли
horror   [хорэ] n даҳшат
horse   [хос] n от
hose   [хоуз] n енг, шланг
hospital   [хоспитл] n касалхона, госпиталь
host   [хоуст] n хўжайин, меэбон
hostage   [хостиж] n гаров тариқасида қамалган
одам
hostile   ['хостайл] adj душман, ғаним
hot   [хот] adj иссиқ, қизиган
hotel   [хоу'тел] меҳмонхона, отель
hour   ['ауэ] n соат (вақт)
house   [хауз] n уй, палата
household   [хаузхолд] n оила, хўжалик
housewife   [хаузвайф] n хўжайка

236

how	[хау] қандай, қалай, нима
however	[хауэвэ] бироқ, аммо, ҳарҳолда
hug	[хаг] n кучоқ, v кучоқламоқ
huge	[хьюж] adj каттакон, улкан
human	[хьюмэн] adj инсоний
humanity	[хьюманити] n инсоният
humid	[хьюмит] n нам
humiliate	[хьюмилейт] v хўрламоқ
humor	[хьюмэ] n юмор, ҳазил
hump	[хамп] adj букур
hundred	[хандрэд] num юз
Hungarian	[хангариэн] n мажар, венгр
hunger	[хангэ] n очлик
hungry	[хангри] adj оч
hunt	[хант] n ов, v овламоқ
hurry	[хари] v шашилмоқ
hurt	[хат] v огритмоқ
husband	[хазбэнд] n эр
hut	[хат] қулба
hypocrite	[хайпокрит] n иккиюзламачи

I

I	[ай] pron мен
ice	[айс] n муз
ice cream	[айскрим] n музқаймоқ
idea	[айдиэ] n фикр

ideal	[ай'диэл] n идеал, кўнгилдагидек
identical	[ай'дентикэл] adj бирдай, айнан
idle	[айдл] adj ялков
if	[иф] conj агар
ignorant	['игнэрэнт] adj нодон, жоҳил
ignore	[игно:] v менсимаслик, эътиборсиз ҚОЛДИРМОҚ
ill	[ил] n касал
illegal	[и'лигэл] adj қонунсиз
illness	[ил'нис] n касаллик
image	[имиж] n қиёфа, тасвир
imagine	[и'мэжин] v кўзга келтирмоқ, ҳаёлга КЕЛТИРМОҚ
imitate	[и'митэйт] v ўхшатмоқ, тақлид қилмоқ
immediately	[имидиэтли] adv тез, тезлик билан, дарҳол
immigrant	[имигрэнт] n иммигрант
immoral	[и'морэл] adj ахлоқсиз, беадаб
immortal	[и'мотл] adj ўлмас
impatient	[им'пэйшнт] adj сабрсиз, бетоқат
imperfect	[им'пёфикт] adj камолга етмаган
implore	[импло] v ялинмоқ
import	[импо:т] v олиб кирмоқ, n импорт
important	[им'потэнт] adj муҳим
impossible	[им'посибл] adj имкониятдан ташқари
impression	[им'прешн] n таасурот
impressive	[импресив] adj таъсирчан

imprison	[им'призн] v қамамоқ
improve	[им'пру:в] v яхшиланмоқ
improvement	[импрувмент] n яхшилаш, яхшиланиш
impulse	[импалс] n истак, тилак, тўлғониш
in	[ин] -да, уйда(масалан)
inauguration	[инагюрэйшн] тантанали очилиш,

вазифага кириш

inch	[инч] n дюйм(2,54 см)
incident	[инсидент] n ҳодиса, воқеа
include	[инклуд] v киргизмоқ, қўшмоқ
including	[инклудинг] ни қўшиб,... блан бирга
inconvenient	[инконвиниент] adj ноқулай
incorrect	[инкорэкт] adj нотўғри
increase	[инкри:з] v кўпайтирмоқ, n ўсиш,

кўпайиш

incredible	[инкрэдибл] adj ақлга сиғмайдиган
indecent	[ин'дисит] adj адабсиз, келишмаган
indeed	[индид] adv дарҳақиқат, ҳақиқатда
indefinite	[индефинит] adj ноъмалум, ноаниқ
independence	[индэпэндэнс] n мустақиллик
independent	[индэпэндэнт] adj мустақил, эркин
indicate	[ин'дикейт] v кўрсатмоқ
indifferent	[индиферент] adj бепарво, беъэтибор
individual	[индивидуал] adj, шахсий, n бўлим,

одам

indoors	[ин'доз] adv уйда, ичкарида
industry	[индастри] n саноат

inevitable	[ин'эвитэбл] adj мукаррар, турган гап
infant	['инфэнт] n гўдак, чақалоқ
infection	[ин'фэкшн] n инфекция, юкумли касал
inferior	[ин'фиэриэ] кичик(унвон)
influence	[инфлуэнс] n тасир, v тасирламок
inform	[ин'фом] v эълон қилмоқ, хабар бермоқ
informal	[ин'фомэл] adj расмийсиз
inhabitant	[ин'хэбитант] n яшовчи, турувчи
initial	[и'нишэл] n бошлангич, исм ва отаси

исмининг бош харфлари

injection	[ин'жэкшн] n укол
injure	['инжэ] v ярадорламоқ, ҳақорат

қилмоқ

injury	['инжэри] n бузилиш, зарар, алам
ink	[инк] n сиёх
inn	[ин] n меҳмонхона, карвонсарой
inner	['инэ] adj ички, кўринмас
innocent	['иносит] adj беайиб, бегуноҳ
inquire	[инквайэ] v сўрамоқ, суриштирмоқ,

текширмоқ

insane	[инсейн] adj руҳий касал, асабий касал
insect	['инсект] n зараркунанда
insert	[ин'сэт] v қўймоқ (ойна), босмоқ

(газетада)

inside	[ин'сайд] n ички, тескари, ички томон
insist	[ин'сист] v қаттиқ турмоқ
inspect	[ин'спект] v кўриб текширмоқ, инспекция

қилмоқ

inspection	[инспекшн] n инспекция, кўрик,

текшириш

instant	['инстэнт] n дақиқа, adj тезлик блан
instead	[инстэд] adv ўрнига
instinct	['инстинкт] n инстинкт
institute	[инститьют] n институт, бошқарма
instruct	[ин'стракт] v ўргатмоқ, инстукция

бермоқ

instrument	[инструмент] n асбоб, қурол
insult	['инсалт] n ҳақорат, v ҳақорат қилмоқ
insurance	[ин'шуэрэнс] n страхование
intelligent	[ин'телижэнс] adj ақлли, баъмани
intend	[ин'тенд] v ният қилмоқ, қасд қилмоқ
intense	[ин'тенс] adj кучли, шиддатли, зўр
intention	[интеншн] n ният, мақсад, қасд
interest	[интрист] n қизиқиш, процент,

v **қизиқтирмоқ**

interesting	[интристинг] adj қизиқ,ажойиб
interfere	[интэ'фиэ] v аралашмоқ, ҳалақит бермоқ
interior	[ин'тэриэ] adj,n ички
intermission	[интэмишн] n танаффус
international	[интэнэшнл] adj ҳалқаро, интернационал
interpret	[ин'тэприт] таржима қилмоқ(оғзаки)
interpreter	[интёпритэ] n таржимон, v тушунтирмоқ
interrogate	[ин'тэрогейт] v сўрамоқ, сўроқ қилмоқ
interrupt	[интэ'рапт] кесмоқ, узмоқ(гапни)

interval   [ин'тэвэл] ора, интервал, тўхталиш
intervene   [ин'тэви:н] v аралашмоқ
interview   [интэ'вью] n учрашиш, суҳбат, интервью,
v интервью олмоқ
intimate   ['интимит] adj интим, яқин
intimidate   [ин'тимидейт] v қўрқитмоқ
into   [инту] prep ичида, -да
intolerable [ин'толерэбл] adj чидаб бўлмайдиган,
жуда оғир
intoxicate   [ин'токсикейт] маст бўлмоқ, ҳаяжонга
келтирмоқ
introduce   [интродьюс] v маслаҳатга қўймоқ,
киритмоқ, таништирмоқ
invade   [ин'бейд] v бостириб кирмоқ
invasion   [ин'вейжн] n бостириш, ҳужум
invent   [ин'вент] v кашф этмоқ, ўйлаб топмоқ
invention   [ин'веншн] n ихтиро, ўйдирма
invest   [ин'вест] v бермоқ, солмоқ(пул), бир
нарсага пул қўймоқ
investigate [инвестигейт] v текширмоқ, тергов
қилмоқ
invitation   [инвитэйшн] n таклифнома
invite   [ин'вайт] v таклиф қилмоқ, дават этмоқ
involve   [ин'волв] v жалб қилмоқ, эргаштирмоқ
iron   [айэон] adj, n темир, дазмол, v
дазмолламоқ
irregular   [и'регьюлэ] adj нотўғри, алқоқ-салқоқ

irrevant	[и'реливэнт] adj нокерак
irresponsible	[и'риспонсибл] adj маъсулиятсиз
irritate	[и'ритейт] v аччиглантирмоқ
is	[из] be феъли ҳозирги замони
island	[айлэнд] n орол
isolate	[изолейт] v ажратмоқ, айирмоқ
issue	[ишью] n чиқиш, якун, нашр этиш
it	[ит] pron у
itch	[ич] n қачима
item	[айтэм] пункт, модда, боб
its	[итс] pron унинг, уники
itself	[итселф] pron ўзини
ivory	[айвэри] n фил суяги

J

jacket	['жэкит] n камзул, куртка, жилд
jail	[жейл] n қамоқ
jam	[жэм] n қиём
janitor	[жэнитэ] n швейцар, қоровул, дворник
January	[жэньюэри] n январь
jar	[жээ] n банка, кўра
jaw	[жэ] n жаг
jealous	['жэлэс] adj кунчи, рашқчи
jelly	[жэли] n желе
Jew	[жу:] n яҳуди
jewel	[жиэл] n қимматбаҳо тош
job	[жоб]] n иш, ҳизмат

jog	[жог] n туртки, силкиниш, v итармоқ
join	[жойн] v боғламоқ, уламоқ, кирмоқ
joint	[жойнт] n бирлашма, adj биргаликта
joke	[жоук] n ҳазил, v ҳазиллашмоқ
journalist	[жоурналист] n журналист, газетачи
journey	[жорни] n саёҳат
joy	[жой] n хурсандчилик
judge	[жаж] n судья, хакам
judgment	[жажмент] n ҳукм, ҳукмнома, фикр
jug	[жаг] n кўра
juice	[жюс] n шира, сок
July	[жюлай] n июль
jump	[жамп] n сакраш, v сакрамоқ
jumper	[жампэ] n джемпер
junction	[жанкшн] n улашган жой
June	[жюн] n июнь
junior	[жюниэ] adj кичкинтой, кичик ёш
jury	[жюри] n жюри
just	[жаст] adj рост, adv худди, айнан
justice	[жастис] n адолат, одил судлаш

K

Kazakh	[ка'зак] n қозоқ
keen	[ки:н] adj ўткир, кучли
keep, kept, kept	[кип] v сақламоқ, ушламоқ
kettle	[кетл] n темир чойнак

key	[ки:] n	калит, клавиша
kick	[ки:к] v	тепмоқ, тепишмоқ
kid	[кид] n	қўзичоқ, кичкинтой
kidnap	[киднэп] v	одамларни ўғирламоқ
kidney	[кидни] n	буйрак
kill	[кил] v	ўлтирмоқ, кесмоқ
kind	[кайнд] adj	сахий, хушфел
king	[кинг] n	қирол
Kirghyz	[киргиз] n	қиргиз
kiss	[кис] n	ўпич, v ўпмоқ
kitchen	[китчн] n	ошхона
kitten	[китн] n	мушукча
knee	[ни:] n	тизза
kneel, knelt	[ни:л] v	тиззаламоқ
knife	[найф] n	пичоқ
knight	[найт]	рицарь,шахм. от
knit	[ни:т] v	тўқимоқ, хурмаймоқ
knob	[ноб] n	даста, соп
knock	[нок] v	таққиллаш, таққиллатмоқ
knot	[но:т] n	тугун, v тугмоқ
know, knew, known	[ноу] v	билмоқ, танимоқ
knowledge	[нолиж] n	билим

L

label	[лейбл] n	патта, ёрлиқ, v ёрлиқ қўймоқ
labor	[лейбэ]	меҳнат, иш, хизмат, ишламоқ,

хизмат қилмоқ

245

lack [ЛЭК] n етишмаслик, камлик, v камлик
қилмоқ
ladder [ЛЭДЭ] n нарвон
ladle [ЛЭДЛ] n чўмич, v сузиб олмоқ
lady [ЛЭЙДИ] n хоним, лэди
lake [ЛЭЙК] n кўл
lamb [ЛЭМ] n кўй, қўзи
lamp [ЛЭМП] n лампа
land [ЛЭНД] n ер, қуриқ, мамлакат, v ерга
тушмоқ
lane [ЛЭЙН] n йўлак, тор йўл
language [ЛЭНГВИЖ] n тил
lap [ЛЭП] n тизза, v шалаб қилиб емоқ
large [ЛААЖ] adj катта, йирик
lark [ЛА:К] n тўрғай
lash [ЛЭШ] v савъаламоқ, қамчиламоқ, n қамчи
last [ЛАСТ] adj охирги, ўтган(йил)
at last [ЭТ ЛАСТ] adv ниҳоят, ахир
late [ЛЭЙТ] adj кеч, сўнг, adv кеч
lately [ЛЭЙТЛИ] adv охирги вақтда
later [ЛЭЙТЭ] adv жуда кеч, adj кейинроқ,
кейин
lather [ЛаДэ] n совун кўпиги, v совун сурмоқ
latitude [ЛАТИТЬЮД] n кенглик
latter ['ЛЭТЭ] adj охирги, сўнгги, adv яқинда
бўлган
laugh [ЛаФ] v кулмоқ, n кулги

246

laughter   [лафтэ] n кулги

laundry   ['ло:ндри] n кир ювадиган жой, кирхона

lavatory   [лэвэтори] n холижой, туалет

law   [ло:] n қонун

lawn   [ло:н] n газон, майсазор

lawyer   [ло:из] n ҳимоячи, юрист, адвокат

lay, laid   [лэй] v қўймоқ

layer   [лэиэ] n қават, қатлам

lazy   [лэйзи] adj эринчак, ялқов

lead, led   [ли:д] v раҳбар қилмоқ, бошлаб бормоқ

leader   [ли:дэ] n раҳбар, доҳий

leaf   [ли:ф] n барг, сахифа

leak   [ли:к] n оқим, v оқмоқ

lean, leant   [ли:н] v энгашмоқ, суянмоқ

lean   [ли:н] adj озғин, ариқ

leap, leapt   [ли:п] v сакрамоқ, n сакраш

learn, learnt [лё:н] v ўрганмоқ, ўқимоқ

lease   [ли:с] n ижара, v хирага, ижарага

олмоқ

least   [ли:ст] adj энг оз, энг кам

leather   ['лэдэ] n чарим, тери, adj чарим

leave, left   [ли:в] v ташлаб кетмоқ, кетмоқ

lecture   [лекчэ] n лекция, v лекция ўқимоқ

left   [лэфт] adj чап, adv чапга, чапда

leg   [лэг] n оёқ

legal   [ли:гэл] adj қонуний

legend   [лэжэнд] n афсона

legislation	[лежислэйшн] n қонуният
legitimate	[лэжитимит] қонуний
leisure	['лезэ] n ишдан бўш вақт
lemon	['лемон] n лимон
lemonade	[лемонэйд] n лимонад
lend, lent	[лэнд] v қарзга бермоқ
length	[ленгт̃] n узунлик
lens	[ленз] n линза
lentil	[лентил] n ёсмик, чечевица
less	[лес] adj кичиги, adv озроқ, камроқ,
lesson	[лесн] n дарс
let	[лет] v бермоқ, рухсат бермоқ, қўймоқ
letter	[летэ] n хат, харф, адабиёт
lettuce	[летис] n салат(кўкат)
level	[левл] n даража, савия
liar	[лайэ] n ёлгончи, алдоқчи
liberty	[либэти] n озодлик
library	[лайбрари] n кутубхона
license	[лайсенс] n рухсат, лицензия
lick	[лик] v ялaмоқ
lid	[лид] n қопқоқ
lie	[лай] n бўхтон, ёлгон, v ёлгон гапирмоқ
lie, lay	[лай] v ётмоқ
life	[лайф] n хаёт
lift	[лифт] v кўтармоқ, n лифт
light	[лайт] n чироқ, adj ойдин

light, lit	[лайт] v ёқилмоқ, ёритилмоқ
light	[лайт] adj енгил
like	[лайк] adj ўхшаган, n ўхшаш
like	[лайк] яхши кўрмоқ, I like - менга ёқади
likely	[лайкли] adj эҳтимол, лойиқ
lilac	[лайлэк] n сирень
limb	[лим] n қўл-оёқ, аъзо,
limit	[лимит] n чегара, v чегараламоқ
line	[лайн] n чизиқ, қатор, мисра
linen	[линин] n сурп, чойшаб, ёстиқ жилди
link	[линк] n ҳалка, бўғин, таркибий қисм, v уламоқ
lion	[лайэн] n шер
lip	[лип] n лаб
lipstick	[лип стик] n лаб помадаси
liquid	[ликвид] adj суюқ, n суюқ модда
liquor	[ликёр] n ликёр
list	[лист] n рўйхат
listen	[лисн] v эшитмоқ
literature	[литэрачэ] n адабиёт
litter	[литэ] n замбил
little	[литл] adj кичик, adv бироз, озмунча
live	[лив] v яшамоқ
live	[лайв] adj тирик, жонли, ҳаёт
lively	[лайвли] adj руҳли, қизғин
liver	[ливэ] n жигар

load	[лоуд] n юк, v юкламок
loaf	[лоуф] n булка, нон
loan	[лоун] n заём
lobby	[лоби] n дахлиз
local	[лоукэл] adj махаллий
locate	[лоукейт] v жой белгиламок
lock	[ло:к] n кокил, гажжак
loft	[лофт] n чордок, пичан босадиган болохона
log	[лог] n хода
lonely	[лоунли] adj ёлгиз
long	[лонг] adj узун, adv узок
longitude	[лонжитьюд] геогр. узунлик
look	[лук] v карамок, кўринмок
look after	[лук афтэ] парвариш килмок
look for	[лук фо] v кидирмок, истамок, n караш, назар
loop	[луп] n халка, илмок
loose	[лус] adj бўш, озод, эркин
lose, lost	[луз] v йўкотмок
loss	[лос] v йўкотиш, ютказиш
lost	[лост] adj ўлган, йўколган
lot	[лот] n кисмат, такдир, --of - кўп, жуда кўп
loud	[лауд] adj каттик, овози баланд
louse	[лаус] n бит
love	[лав] n мухаббат, v севмок, яхши

кўрмоқ

lovely	[лавли] adj	чиройли, ёқимли
lover	[лавэ] n	ёр, ошиқ, ўйнаш
low	[лоу] adj, adv	паст
lower	[лоуэ] adv	қўйи, пастдаги
luck	[лак] n	бахт, муваффаққият, омад
lucky	[лаки] adj	бахтли, омадли
lump	[ламп] n	тишлам
lunch	[ланч] n	иккинчи нонушта
lungs	[лангэ] n	ўпка
luxury	[люкшэри] adj	дабдаба, хашамат

M

machine	[мэ'шин] n	мошина
mad	[мэд] n	жинни, девона
madness	[мэднис] n	ақлдан озиш, жинни бўлиш
magazine	[мэгээин] n	журнал
magic	[мэжик] adj	сиҳргар
magnificent	[магни'фиснт] adj	ҳашаматли, жуда

кўркам

magnify	[мэгнифай] v	кўпайтмоқ
maid	[мейд]	хизматчи (хотин киши)
maiden	[мейдн] n	қиз, қиз бола, эрга тегмаган
mail	[мейл] n	почта, v почта орқали

юбормоқ

main	[мейн] adj	бош, асосий
mainly	[мейнли] adv	айниқса, асосан

maintain	[ментейн] v суямоқ, қўлтиқламоқ
maintenance	[мейнтиненс] n мазмун
majesty	[мэжисти] n аъло ҳазрат, муҳташамлик
major	[мейжэ] adj бош, энг муҳим
majority	[мэжорити] n кўпчилик
make, made	[мэйк] v қилмоқ, ишлаб чиқармоқ
make-up	[мейк ап] n грим, v ўйлаб топиш
male	[мейл] n эркак
malice	[мэлис] n газаб, қаҳр
malignant	[мэлигнант] adj ёвуз ниятли, фитначи
man	[мэн] n одам, эркак киши
manage	[мэниж] v бошқармоқ, n идора, бошқариш
management	[мэнижмент] n бошқарма, идора, бошқариш
manager	[мэнижэ] n мудир, бошқарувчи
mankind	[мэнкайнд] n инсоният, одамлар, уруғ
manner	['мэнэ] n услуб, усул, йўл
manual	[мэньюэл] қўлланма, справочник, қўлли
manufacture	[мэньюфэкчэ] v ишлаб чиқариш,
many	[мэни] adv кўп, кўплар
map	[мэп] n ҳарита
maple	[мэйпл] n заранг(дарахт)
marble	[ма:бл] n мармар
March	[ма:ч] n март
march	[ма:ч] v марш қилмоқ, n марш

252

marine	[мэ:рин] n денгиз, денгиз флоти
mark	[ма:к] n белги, тамга, из, v белгиламоқ
market	[ма:кит] n бозор
marriage	[мэриж] n уйланиш, эрга тегиш
marry	[мэри] v уйланмоқ, эрга чиқмоқ
marvelous	[мавилэс] adj ажойиб, қизиқ
masculine	['маскьюлин] эркаклар, мужской род
mash	[мэш] n аралаш, v эзмоқ
mask	[ма:ск] n маска, v яширмоқ, маскировка қилмоқ
master	[мастэ] n хўжайин, муаллим, уста
mat	[мэт] n бўйра, чипта
match	[мэч] n гугурт
material	[мэ'тириэл] adj материал, моддий, n газлама
matter	['мэтэ] n модда, материя, иш, савол, v аҳамият бермоқ
mature	[мэ'тьюэ] adj пишган, вояга етган, v пишмоқ
May	[мэй] n май
may, might	[мэй, майт] v қила олмоқ
maybe	[мэйби] adv мумкин
mayor	[мээ] n мэр, шаҳар бошлиги
me	[ми] pron менга, мени
meal	[ми:л] n овқат, таом, томоқ
mean, meant	[ми:н] v ният қилмоқ, хоҳламоқ
meaning	[ми:нинг] n маъно, мазмун

meanwhile	[ми:нвайл]	adv у вақт билан
measles	[ми:злз]	n қизамиқ касали
measure	[межэ]	n ўлчов, v ўлчамоқ
measurements	[межэмент]	n ўлчаш, катталик
meat	[ми:т]	n гўшт
medicine	[медсин]	n медицина, дори
meditate	[медитэйт]	v ўйлаб кўрмоқ, ўйламоқ
medium	[мидиэм]	n восита, adj ўрта
meet, met	[мит]	v кутиб олмоқ, егилмоқ
meeting	[ми:тинг]	n учрашув, мажлис, егилиш
melon	['мелон]	n қовун
melt	[мелт]	v эримоқ
member	[мембэ]	n аъзо
membership	[мембэшип]	n аъзолик
memory	[мемэри]	n ёд, зеҳн, хотира
mend	[менд]	v тўғриламоқ, тузатмоқ
mental	[ментл]	adj фикрий, ақлий
mention	[меншн]	v эслаб ўтмоқ, эслаб ўтиш
menu	[менью]	n меню
merchandise	[мечэндайз]	n олиб-сотиш
merchant	[мечэнт]	n совдагар, олиб-сотар
mercury	[мэ:кьюри]	n симоб
mercy	[мэ:си]	n раҳмдиллик, раҳм
mere	[ми:э]	adj оддий, содда
merely	[ми:эли]	adv фақат
merge	[меж]	v қўшмоқ, бирлаштирмоқ
merit	[мерит]	n хизмат, v қозонмоқ

merry	['мери] adj хушчакчак, қувноқ
mess	[мес] n тартибсиз, янглашмовчилик
message	[месиж] n хабар, мактуб, нома
messenger	[месинжэ] n курьер, хабардор
metal	[метл] n темир, металл
meter	[ми:тэ] n счётчик, санаш мошинаси
method	[метод] n метод, усул
middle	[мидл] n ўртаси, adj ўрта
midnight	['миднайт] n яримкеча
mighty	[майти] adj қудратли, кучли
mild	[майлд] adj юмшоқ, кўнгилчан
mile	[майл] n миля(1,609,33м)
military	[милитэри] adj ҳарбий
milk	[милк] n сут, v соғмоқ
mill	[мил] n фабрика, тегирмон
million	[мильэн] num миллион
mind	[майнд] n ақл, фаҳм, v этироз
билдирмоқ	
mine	[майн] pron менинг, меники
miner	[майнэ] n кончи, кон ишчиси
minister	[министэ] n министр, вазир
ministry	[министри] n министрлик, вазират
minor	[майнэ] adj иккинчи даражали, n ёши
етмаган норасида	
minority	[майнорити] n озчилик
minus	[майнэс] n минус
minute	[минит] n дақиқа, минута

miracle	[МИРЭКЛ] n мўжиза, каромат
mirror	[МИРЭ] n ойна
mischief	[МИСЧИф] n бало, кулфат
miser	[МАЙЗЭ] adj ҳасис, баҳил
miserable	[МИЗЭРЭБЛ] adj бахтсиз, толеи паст
misfortune	[МИСфОЧУН] n бахтсизлик
miss	[МИС] v ҳато қилмоқ, n ҳато, янглиш
Miss	[МИС] n мисс, хоним
missing	[МИСИНГ] adj етишмайдиган, ёқ бўлган, дараксиз
mission	[МИШН] n миссия, вазифа, топшириқ
mistake, mistook, mistaken	[МИСТЭЙК] v ҳато қилмоқ, n ҳато
Mister	[МИСТЭ] n мистер, жаноб
mistress	[МИСТРИС] n хўжайка, ўқитувчи, ўйнаш
mistrust	[МИС'ТРАСТ] n ишончсизлик, v ишон бўлмоқ
misunderstanding	[МИСАНДЭСТЭНДИНГ] n англашилмовчилик
mix	[МИКС] v аралаштирмоқ
mobile	[МОУБАЙЛ] adj ҳаракатли
model	[МОУДЕЛ] n намуна, модель
moderate	[МОДЕРЭЙТ] adj ўрта миёна
modern	[МОДЕН] adj бугунги, замонавий
modest	[МОДИСТ] adj мўмин
moist	[МОИСТ] adj хўл
Moldavian	[МОЛДАВИЗН] молдовали
mole	[МОУЛ] n хол

moment	[моумент] n дақиқа, момент	
Monday	[манди] n душанба	
money	[мани] n пул, ақча	
monk	[мангк] n монах, роҳиб	
monkey	[манки] n маймун	
month	[манᴛ] n ой(календарь)	
mood	[му:д] n кайфият, рух	
moon	[му:н] n ой, ҳилол	
moral	[морэл] adj ахлоқий, n ахлоқ, адаб	
more	[мо:] adv кўпрок	
morning	[монинг] n сабаҳ, эрталаб, тонг	
mortal	[мо:тл] ўлим, ўладиган	
moss	[мо:с] n йўсин	
most	[моуст] adj энг юқори, хаммадан кўп	
moth	[мо:ᴛ] n куя	
mother	[мадэ] n она	
mother-in-law	[мадэ ин ло] n қайнана	
motion	[моушн] n ҳаракат, йўл	
motor	[моутэ] n мотор	
mountain	[маунтин] n тоғ	
mourning	[мо:нинг] n аза	
mouse	[маус] n сичқон	
moustache	[мусташ] n мўйлов	
mouth	[маут] n оғиз, тешик	
move	[му:в] v сурмоқ, кўчирмоқ, кўймоқ	
movement	[мувмент] n ҳаракат, юриш	
movies	[му:виз] n кино	

Mr.	[мистэ] n жаноб
Mrs.	[мисиз] n хоним
much	[мач] adj кўп
mud	[мад] n кир, лой, ифлос
muddle	[мадл] v чалкаштирмок
multiply	[малтиплай] v кўпайтирмок
murder	[мэ:дэ] n ўлдириш, v ўлдирмок
murderer	[мэдэрэ] n котил
murmur	[мэ:мэ] v жилдираш
muscle	[масл] n мускул
mushroom	[машрум] n кўзикорин
music	[мьюзик] n мусика
must	[маст] v керак, лозим
mute	[мьют] n индамас, соков
mutiny	[мьютини] n кўзголон, v - кўтармок
mutual	[мьюттьюэл] икки томонга карашли
my	[май] pron меники, менинг
myself	[майселф] pron ўзимни, ўзим
mysterious	[мистиэриэс] adj сехргарли
mystery	[мистэри] n сехр, сир
myth	[миТ] n миф, афсона, ўйдирма

N

nail	[нейл] n тирнок, мих, v михламок
naked	[нейкид] adj ёлонгоч
name	[нэйм] n исм, фамилия, ном, v ном

КЎЙМОК

nape	[нэйп] n энса, гардан
napkin	['нэпкин] n салфетка, сочиқ
narrow	['нэроу] v ҳикоя қилиш, n ҳикоя
nasty	['насти] adj ёмон, қабиҳ, ифлос
nation	[нейшн] n миллат, халқ
national	[нейшнл] adj миллий, халқий
nationality	[нэшэнэлити] n миллат
native	['нейтив] adj тугишган, ўз
natural	[нэчрэл] adj табий, одатдаги
naturally	[нэчрэли] adv албатта, шубҳасиз
nature	[нэйчэ] n табиат, феъл, хулк
naughty	['ноти] adj яхши эмас, инжиқ
nausea	[но'сиэ] n кўнгил айниш, жирканч
navel	[нейвл] n киндик
navy	[нейви] n ҳарбий флот
near	[ниэ] adv adj яқин, ёнида
nearly	[ниэли] adv деярлик, сал кам
neat	[ни:т] adj озода, покиза
necessary	['несисэри] adj зарур, керакли
necessity	[неси'сэти] n зарурият
neck	[нек] n бўйин
necklace	[неклис] n мўнчоқ, шода, маржон
necktie	[нектай] n галстук
need	[ни:д] n кераклик, эҳтиёж, v муҳтож
бўлмоқ	
needle	[ни:дл] n игна, стрелка
negative	['негэтив] adj салбий, v инкор қилиш,

259

йўқ дейиш

neglect   [ни'глэкт] v писанд қилмаслик,
бепарво қарамоқ

negligence   ['неглижэнс] n парвосизлик

Negro   ['ни:гроу] n негр, занжи

neighbor   [нейбэ] n қўшни

neighborhood   ['нейбэхуд] n қўшничилик

neither   ['найдэ] adj pron ҳеч қандай, ҳеч бир

nephew   ['невью] n жиян (ўғил)

nerve   [нэ:в] n нерв, асаб

nervous   [нэ:вэс] adj асабий, нотинч

nest   [нест] n уя, v уяламоқ

net   [нет] adj тоза, нетто(оғирлик)

never   [нэвэ] adv ҳеч қачон

nevertheless   [нэвэдэлес] adv барибир, унга
қарамасдан

new   [нью] adj янги

news   [ньюз] n янгилик, ахборот

newspaper   [ньюс пейпэ] n газета

next   [нэкст] adj кейинги, навбатдаги, adv
кейин, pron ёнида

nice   [найс] adj яхши, тузук, ёқимли

niece   [ни:с] n жиян (қиз)

night   [найт] n тун, кеча

nightgown   [найтгаун] n ичкўйнак

nightmare   [найтмиэ] n босинқираш, даҳшат

nil   [нил] n ноль, ҳеч нарса

nine [найн] num тўққиз

nineteen [найнтин] num ўн тўққиз

ninety [найнти] num тўқсон

no [ноу] adv йўқ, adj ҳечқандай

noble [ноубл] adj олижаноб, ҳимматли

nobody [ноубоди] pron ҳечким

nod [нод] v бош силкимоқ, мудрамоқ, n
имо, ишора

noise [нойз] n шовқин, галва

noisy [нойзи] adj сершовқин

nominate ['номиьэйт] v тайинламоқ,
кандидатура кўрсатмоқ

none [нан] n ҳечким, adj ҳечқандай

nonsense [нонсэнс] n сафсата, adj бемаъни

noodle [ну:дл] n ўгра

noon [нун] n туш вақти, чошгоҳ, яримкун

normal [номэл] adj оддий, одатдаги, нормал

north [но:т] n шимол, adj шимолий

nose [ноуз] n бурун

not [нот] adv йўқ

note [ноут] n эслатма, изоҳи ҳатча, v
нишонлаб қўймоқ

notebook [ноутбук] n ёд дафтарча

nothing [натинг] n ҳечнарса, ҳечнима

notice [ноутис] n билдириш, диққат, v кўрмоқ

notion [ноушн] n тушунча, v тасаввур этмоқ

November [новэмбэ] n ноябрь

now	[нау] adv ҳозир
nowhere	[наувээ] adv ҳечқаерда, ҳечқаёққа
nuisance	[ньюснс] n ёмонлик
numb	[нам] adj тилдан қолган, соқов
number	[намбэ] n сон, номара, v санамоқ, номерламоқ
nun	[нан] n риҳоб, монах (хотин киши)
nurse	[нё:с] n энага, боқучи, v боқмоқ, қарамоқ
nut	[нат] n ёнғоқ

O

oak	[оук] n эман
oar	[о:] n эшкак
oat	[оут] n сули
oath	[оуҭ] n қасам
obedient	[обидиент] adj эслик
obey	[о'бей] v гапга кирмоқ
object	['обжикт] n предмет, дарс, мақсад, v этироз билдирмоқ
obligation	[обли'гейшн] n мажбурият
oblivion	[о'бливиэн] n унитиш, эсдан чиқарган
observe	[об'зёв] v қарамоқ, зеҳн солмоқ
obsess	[об'сес] v эгаллаб олмоқ
obstacle	[обстэкл] n тўсиқ, тўсқинлик
obstinate	[обстинит] adj ўжар, қайсар
obstruct	[об'стракт] v тўсмоқ (йўлни),

ТӮСҚИНЛИК ҚИЛМОҚ

obtain	[обʼтейн]	v топиб олмоқ, олмоқ
obvious	[обвиэс]	adj аниқ, ойдин
occasion	[оʼкейжн]	n фурсат, важ
occupation	[окьюʼпейшн]	n қиладиган иш, касб,

хунар, оккупация

occupy	[окьюпай]	v эгалламоқ, қӯлга олмоқ,

оккупация қилмоқ

occur	[экэ]	v содир бӯлмоқ, ақлга келмоқ
ocean	[оушн]	n океан, муҳит
October	[октобэ]	n октябрь
odd	[од]	adj қизиқ, тоқ (сон)
odor	[оудэ]	n хид, хушбӯй ис
of	[оф]	prep қаратқич келишик олд

қӯшимчаси

off	[оф]	adv биргаликда
offend	[оʼфэнд]	v ҳафа қилмоқ
offer	[оʼфэ]	v таклиф қилиш, n таклиф
office	[оʼфис]	n вазифа, бошқарма, идора
officer	[офисэ]	n офицер, лавозимли киши
official	[офишэл]	adj расмий, официал, n ҳизмат
often	[офн]	adv тез-тез, дам-бадам
oil	[ойл]	n ёг, мой, нефть, v мойламоқ
ointment	[ойнтмент]	n мазь, суркайдиган дори
O.K.	[оу кей]	яхши, ҳаммаси жойида
old	[оулд]	adj эски, қари
old-fashioned	[оулдфэшнт]	adj эскимодали

omit	[омит] v туширмоқ, ўтказмоқ
on	[он] prep -да adv олга, олдида
once	[ванс] adv бир вақт, кунлардан бир кун
one	[ван] num бир, adj бир одам
oneself	[ван селф] pron ўзини
onion	['аньон] n пиёз
only	[оунли] adv фақат, adj ёлгиз бир
open	[оупэн] adj очиқ, v очмоқ
opening	[оупэнинг] n тешик, бошлаш, очилиш
operate	['оперейт] амал қилмоқ, раҳбар этмоқ, ҳаракат қилмоқ
opinion	['опиньон] n фикр, мулоҳаза
opportunity	[опэ'тьюнити] n имконият, қулай пайт
oppose	[о'поуз] v қарши кўрмоқ, қаршилик кўрсатмоқ
opposite	['опозит] adv қаршидаги, қарши, n қарама-қаршилик
oppression	['опрешн] n эзилиш, жабо, зулм
option	[опшн] n танлаш
or	[о:] conj ёки
oral	['орэл] adj огзаки
orange	['оринж] n апельсин, adj тўқсариқ ранг
orchestra	['окистра] n оркестр
order	['одэ] n буюртма, буйруқ, v буйруқ бермоқ
ordinary	[однри] adj одатдаги, оддий
organ	['огэн] n орган

organize	[о' ганайз] v ташкил қилмоқ
origin	['орижин] n келиб чиқиш
original	[орижинэл] adj дастлабки, астойдил, n
оригинал	
orphan	[офэн] n етимча, етим
other	[адэ] adj бошқа
otherwise	[адэвайз] adv бўлмаса, акс ҳолда
ought	[о:т] you - to know that - сиз
билишингиз керакки	
our	[ауэ] pron бизнинг
ourselves	[аузселф] pron ўзимни, ўзимиз
out	[аут] adv ташқарига, ташқари
outcome	[ауткам] n натижа, самара
outdoor	[аутдо:] adj уйдан ташқари
outer	[аутэ] adj ташқари
outfit	[аутлит] n формали устбош, асбоб-
ускуна	
outlaw	[аутло:] n қонундан ташқари
outlook	[аутлук] n кўриниш, манзара,
перспектива	
outrageous	[аутрейжес] adj ғазаблантирадиган
outside	[аутсайд] n ташқари томон, adv
ташқаридан	
outstanding	[аутстэндинг] adj отоқли, машҳур
oven	[авн] n печь, ўчоғ, тандир
over	[оувэ] prep -да, устида, устидан
overcome	[оувэкам] v қийнчиликларни енгмоқ

overdo	[оувэдо] v ортиқча қовуриб юбормоқ, тиришмоқ
overseas	[оувэси] adj денгизни нариги ёгида
oversleep	[оувэслип] v ухлаб қолмоқ
overwhelm	[оувэхэлм] v босмоқ
owe	[оу] v қарз бўлмоқ, миннатдор бўлмоқ
owl	[аул] n бой қуши
own	[оун] v эга бўлмоқ, adj ўзиники, хусусий, шахсий
owner	[оунэ] n эга, эгаси
ox	[оукс] n хўкиз

P

pace	[пейс] n қадам, v қадам қўймоқ
pack	[пэк] n той, тўп, v жойламоқ, ўрамоқ
package	[пэкиж] n пакет, тугун, пачка
pad	[пэд] n юмшоқ қистирма болишча, v
астар солмоқ	
paddle	[пэдл] v шоппилламоқ
page	[пейж] n саҳифа
pain	[пейн] n оғриқ
paint	[пейнт] n бўёқ, v бўёқламоқ
painting	[пейнтинг] n рассомлик, рассом
pair	[пээ] n жуп, қўш, эри-хотин
palace	[пэлис] n сарой
pale	[пейл] adj ранги оқарган, v оқармоқ
palm	[па:м] n кифт
palm	[па:м] n пальма
pancake	['пэнкейк] n юпқа қуймоқ
pants	[пантс] n шим
paper	[пейпэ] n қоғоз, газета, хужжатлар
parade	[пэ'рейд] n парад, v парадга қатнашмоқ
paradise	[пэрэдайс] n жаннат
parcel	[па:сл] пакет, посилка
parents	[парентс] n ота-она
park	[па:к] n парк, боғ
parking	[па:кинг] n мошина қўядиган жой,
стоянка	
parliament	[па:ламент] n парламент

267

parrot	[пэрэт]	n тўти қуши
parsley	[па:сли]	n петрушка
part	[па:т]	n қисм, қатнашиш, роль, v бўлмоқ
participate	[пэтисипейт]	v қатнашмоқ
particular	[пэ'тикьюлэ]	adj махсус, муайян
partner	[па:тнэ]	n компаньон, шерик
party	[па:ти]	n партия
party	[па:ти]	n группа, томон, зиёфат(кечки)
pass	[пас]	v ўтиб кетмоқ
топширмоқ(имтиҳон)		n довон, дара
passage	[пэсиж]	n йўлак, проезд, китобдан парча
passanger	[пэсинжэ]	n пассажир, йўловчи
passion	[пэ:шн]	n завқ, ишқивозлик, ғазаб
passport	[паспот]	n паспорт
past	[паст]	adj ўтган, n ўтмиш
paste	[пейст]	n ҳамир, паста, v елимламоқ
pastry	[пейстри]	n пирожное, печенье
patch	[пэч]	n ямоқ, доғ, v тузатмоқ
patience	[пейшнс]	n чидам
patient	[пейшнт]	n касал, пациент, adj чидамли
pattern	['пэтэн]	n намуна, модель, шакл
pause	[поуз]	n пауза, тўхташ,v тўхтамоқ
pavement	[пейвмент]	n тротуар, йўлка
pay, paid	[пей]	v тўламоқ, n тўлаш
payment	[пеймент]	n тўлаш
pea	[пиэ]	n нўхот
peace	[пи:с]	n тинчлик

peacock	[пико:к] n тус товук
peach	[пич] n шафтоли
peanut	[пи:нат] n ер ёнгок
pear	[пиэ] n нок
pearl	[пер:л] n марварид
peasant	[пезнт] n деххон
peck	[пи:к] n чўкки, энг баланд жой
peculiar	[пикульиэ] adj кизик
pedestrian	[пидестриан] n йўловчи
peel	[пи:л] n пўст, пўстлок
peg	[пи:г] n вешалка, козикча
pen	[пен] n ручка
penalty	['пеналти] n штраф, жарима, жазо
pencil	[пенсл] n калам
penetrate	[пенитрейт] v ичига кирмок
pension	[пеншн] n пенсия, нафака
people	[пи:пл] n халк, одамлар, жойлаштирмок
pepper	['пепэ] n мурч, калампир
per	[пэ:] prep оркали, ёрдами билан -да
perceive	[пэ:сив] v идрок килмок, сезмок
per cent	[пэ: чент] n процент
perfect	[пэ:фикт] adj мукаммал, камолот
perform	[пэ:фо:м] v бажармок, ижро килмок
performance	[пэ:фомэнс] n бажариш, ижро этиш
perfume	[пэ:фьюм] n ис, бўй, атир, v атир сепмок
perhaps	[пэ:хэпс] adv эхтимол, балки
period	[пиэриод] n давр, замон

perish	[периш] v халок бўлмок	
permanent	[пеманэнт] adj доимий	
permission	[пэ:мишн] n рухсат	
permit	[пэ'мит] v рухсат бермок, n ижозат	
persecute	[пэ'сикьют] v таъкиб килмок, кувгин	

КИЛМОК

Persian	[пэ'шэн] n эронли	
persist	[пэ:сист] v каттик турмок	
person	[пэ:сн] n киши, шахс, кимса	
personal	[пэ:снэл] adj шахсий	
personality	[пэ:сэ'нэлити] n шахс	
perspire	[пэ:спайэ] v терламок	
persuade	[пэ: свейд] v ишонтирмок, инонтирмок	
petition	[пи'тишн] n петиция, талаб, v талаб	

КИЛМОК

petrol	['пэтрол] n бензин, газолин	
pharmacy	['фа:мэси] n дорихона	
philosophy	[фи'лосэфи] n фалсафа	
phone	[фоун] n телефон, v телефон килмок	
photograph	['фоутэграф] n суръат, фото, v суръатга	

ОЛМОК

physical	['физикл] adj физик, жисмоний	
physician	[фи'зишн] n доктор	
piano	[пианоу] n пианино	
pick	[пик] v танламок, узмок, термок	
picture	[пикчэ] n расм, портрет, кино	
pie	[пай] n пирог, сомса	

piece	[пи:с] n тишлам, кесим, пьеса
pierce	[пи:эрс] v тешиб ўтмоқ
pigeon	[пижин] n каптар
pile	[пайл] n тўда, уюм, v таҳламоқ
pilgrim	[пилгрим] n зиёратчи, хожи
pill	[пил] n пилюля, ҳабдори
pillar	[пилэ] n устун
pillow	['пилоу] n болиш
pin	[пин] n тугнагич, v қадамоқ
pincers	[пинсэз] n қисқич
pinch	[пинч] v чимдимоқ, қисмоқ, n чимди
pine	[пайн] n қарағай
pineapple	[пайнэпл] n ананас
pink	[пинк] adj пушти, n чиннигул
pint	[пинт] пинта (0,56 л)
pipe	[пайп] n қувур, трубка
pitcher	[питчэ] n кўза, хурмача
pity	[пити] n раҳм, ачиниш, v раҳми келмоқ
place	[плейс] n жой, v кўймоқ
plague	[плейг] n офат, v қийнамоқ
plain	[плейн] adj ойдин, очиқ, оддий, n
теккислик	
plan	[плэн] n план, лойиха, v планлаштирмоқ
plane	[плэйн] n яссилик, текислик, самолёт
plant	[плант] n гиёҳ, завод, фабрика, v экмоқ
plate	[плэйт] n тарелка
platform	[платфом] n платформа, минбар

play	[плэй] n ўйин, пьеса, v ўйнамоқ
pleasant	[плеэнт] adj ёқимли
please	[пли:з] v мамнун қилмоқ, n марҳамат, барақа топинг
pleasure	[плэжэ] n мамнуният, ҳурсандчилик
pledge	[плеж] n гаров, закалат, v гаровга қўймоқ
plenty	['пленти] n серобчилик, кўплик
plot	[плот] n фитна, суиқасд, v фикр юргизмоқ
plough	[плау] n плуг, v ер хайдамоқ
plug	[плаг] n тиқин, пўк, v тиқиб беқитмоқ
plum	[плам] n олхўри
plumber	[плэмэ] n водопроводчик, слесарь-сантехник
plump	[пламп] adj шишган, семиз, v семирмоқ
plunge	[планж] v чўктирмоқ, сувга бостирмоқ
plus	[плас] n плюс, қўшма
p.m.	[пи эм] n пост меридием, тушдан кейинги вақт
pocket	[покит] n чўнтак, v чўнтакка солмоқ
poem	[поэм] n достон, шер
poetry	[поэтри] n шерият, шерлар
point	[поинт] n нуқта, савол
poison	[пойзн] n заҳар, v заҳар бермоқ
pole	[поул] ҳода, узун ёғоч, устун
police	[по'лис] n полиция
policeman	[по'лисмен] n полиция одами

policy   ['полиси] n сиёсат

polish   [поулиш] v ялтиратмоқ, ялтироқ

polite   [полайт] adj одобли, хушфел

political   [политикэл] adj сиёсий

pollute   [по'лут] v ифлосламоқ

pond   [понд] n ховуз

pool   [пу:л] n бассейн, кўлмак

poor   [пуэ] n камбагал, бечора

poppy   ['попи] n кўкнор, лолақизгалдоқ

popular   [попьюлэ] adj халқий, популяр

population   [попьюлейшн] n аҳоли

pork   [по:к] n чўчқа гўшти

porridge   ['пориж] n сўли бўтқаси

port   [по:т] n порт, гавань

portable   [по:тэбл] adj портатив, ихчам

porter   ['по:тэ] n ташкачи, швейцар(дарвозабон)

portion   [по:шн] n қисм, ҳисса, бўлак

position   [пэ'зишн] n вазият, ҳолат

positive   [позэтив] adj ижобий, амин, ишонган

possess   [по'зес] v эга бўлмоқ

possession   [по'зешн] n эга бўлиш

possibility   [посэбилити] n имконият

possible   [посэбл] adj имкон

post   [поуст] n почта, v почта орқали жўнатмоқ

postage   [поустиж] n почта ҳаражаси

postcard   [поуст кад] n открытка, очиқ хат

poster   [поустэ] n афиша, плакат

postman	[поустмэн] n почтачи
post-office	[поустофис] n почта бўлими
postpone	[поустпон] v қолдирмоқ, муддатни кечиртирмоқ
pot	[пот] n хум
potato	[потейтоу] n картошка
poultry	[поултри] n уй паррандалари
pound	[паунд] фунт (0,453 кг)
pour	[по:] v қуймоқ
poverty	[повэти] n қашшоқлик, камбағаллик
powder	['паудэ] n порошок,, упа, v упаламоқ
power	['пауэ] n куч, қудрат, ҳокимият
power station	[пауэстэйшн] n электростанция
practical	['прэктикэл] adj практик, амалий
practically	['прэктикэли] adv аслда, ҳақиқатда
practice	['прэктис] v машқ қилмоқ, даволамоқ(доктор), ишлаб юрмоқ(юрист)
praise	[прейс] v мақтамоқ, n мақтов
pray	[прей] v тиламоқ, ялинмоқ
prayer	[прэз] n номоз ўқиш, ибодат қилиш
preach	[при:ч] v ваъз айтмоқ, воизлик қилмоқ
precaution	[при:кошн] n эҳтиёт, сақланиш
precede	['при:сид] v илгари бўлмоқ
precious	['прешэс] adj қимматбаҳо
precise	['при'сайс] adj аниқ, тайинли
precision	[присижн] n тайинлик, аниқлик
predict	[при'дикт] v олдидан айтиб бермоқ

274

prefer	[при'фэ] v аввал кўрмоқ
pregnant	['прегнэнт] n ҳомиладор
prejudice	[прежудис] n нотўғри фикр, хурофот
prepare	[при'пээ] v тайёрламоқ, ҳозирламоқ
prescribe	[прис'крайб] v фармойиш бермоқ,
буюрмоқ	
prescription	[прис'крипшн] n фармойиш, рецепт
presence	[преэнс] v ҳозир бўлиш, иштироқ этиш
present	[преэнт] n ҳозир бўлган, қатнашчи,
adj ҳозирги, ҳозирги вақт	
present	[при'зент] n совға, v тақдим этмоқ
preserve	[при'ээв] v сақламоқ, консерва қилмоқ
preside	[при'зайд] v райислик қилмоқ
president	[президэнт] n президент
press	[прес] v босмоқ, сиқмоқ, дазмол қилмо:
n матбуот	
pressure	[прешэ] n босим
presume	[призьюм] v мўлжалламоқ
pretend	[при'тэнд] v муғомбирлик қилмоқ
pretty	['прити] adj яхшигина, жажжигина
prevail	[при'вейл] v устунлик қилмоқ, ҳукмрон
бўлмоқ	
prevent	[при'вент] v эҳтиёт чорасини кўрмоқ
previous	[при'виэс] adj олдинги, аввалги
price	[прайс] n баҳоси
prick	[прик] v санчиб олмоқ
pride	[прайд] n ифтихор

priest	[при:ст] n кашиш, поп
prime	[прайм] adj бош
prince	[принс] n малик, принц
princess	[принсес] n малика
principal	[принсэпэл] adj бош, асосий
principle	['принсэпл] n асос, негиз
print	[принт] n мухр, босма, v босмоқ
priority	[прайорити] n приоритет, биринчилик хуқуқи
prison	[призн] n қамоқ
prisoner	[призэнэ] n махбус
privacy	[прайвэси] n ёлғизлик
private	[прайвит] adj айрим, шахсий
privilege	[привилиж] n имтиёз
prize	[прайз] n мукофот, соврим
probable	[пробэбл] adv эхтимол
proceed	[прэ:сид] v давом қилмоқ, бошламоқ
process	[проусес] n процесс, харакат
proclaim	[прэ'клейм] v эълон қилмоқ
procure	[прэ'кьюэ] v топмоқ, топиб келмоқ
produce	['продьюс] қилмоқ, ишлаб чиқармоқ
product	[продакт] n махсулот, натижа
production	[продакшн] n махсулот, ишлаб чиқариш
profession	[про'фешн] n касб
profit	['профит] n фойда, кирим
progress	[проугрес] n прогрес, ривожлантириш, v олдга сурилмоқ

prohibit   [прэ'хибит] v ман қилмоқ, тақиқламоқ
prolong   [пролонг] v чўздирмоқ
prominent   [проминент] adj отоқли
promise   [промис] n ваъда, v ваъда бермоқ
promote   [прэ'моут] v кўтармоқ, юқори кўтармоқ
promotion   [прэ'моушн] n кўтарилиш
prompt   [промт] adj тез, v ундамоқ
pronounce   [про'наунс] v талаффуз этмоқ
pronunciation   [про'нансиэйшн] n талаффуз, айтилиш
proof   [пру:ф] n исбот, adj пайқаб бўлмайдиган
proper   [пропэ] adj хос бўлган, одат бўлган
properly   [пропэли] adv тегишлича, етарли
даражада
property   [пропэти] n мулк, мулкчилик
prophet   [профит] n пайғамбар
proposal   [про'поузал] n таклиф
propose   [про'поуз] v таклиф қилмоқ, сўраш
prosecute   [просекьют] v тақиб олмоқ
prospect   [проспект] n перспектива, кўриниш
prospective   [про'спектив] adj келгуси
prosper   [проспэ] v яшнамоқ, гулламоқ
prosperity   [просперити] n тараққиёт, гуллаш
protect   [протект] v ҳимоя қилмоқ
protection   [протекшн] n ҳимоя
protest   [про'тест] v қаршилик кўрсатмоқ,
қаршилик
protrude   [прэ'труд] v чиқиб турмоқ, кўриниб

277

турмоқ

proud	[прауд] adj мағрур	
prove	[пру:в] v исботламоқ	
proverb	[провэб] n мақол	
province	[провинс] n вилоят, провинция	
provide	[про'вайд] v таъминламоқ	
provision	[про'вижн] таъминлаш, таъминот	
provoke	[про'воук] v ундамоқ	
pub	[паб] n трактир	
public	[паблик] adj оммавий, ошкора, n жамоат	
publish	[паблиш] v нашр қилмоқ	
pudding	[пудинг] n пудинг	
puddle	[падл] n кўлмак, ҳалқоб	
pull	[пул] v тортмоқ, n тортиш	
pulse	[палс] n пульс, v пульс урмоқ	
pump	[памп] n насос, v босиб чиқармоқ	
pumpkin	[пампкин] n ошқовоқ	
punch	[панч] v муштламоқ	
punctual	[пунктуал] adj пухта, батартиб	
punish	[паниш] v жазоламоқ	
punishment	[панишмент] n жазо	
pupil	[пьюпл] n ўқувчи	
puppy	[папи] n кучук	
purchase	[пэ:шэс] v сотиб олмоқ, n сотиб олинган	

нарса

pure	[пьюэ] adj тоза
purpose	[пэ:поз] n мақсад, ният

purse	[пэ:с] кармон, хамъён
pus	[пас] n йиринг
push	[пуш] v итармоқ, n итариш
put	[пут] v кўймоқ
puzzle	[пазл] n масала, топишмоқ, v бошини

қотирмоқ

Q

qualify	[квалифай] v малакасини белгиламоқ
quality	[кволити] n сифат, фазилат
quantity	[квонтити] n сон, адад
quarrel	[кворэл] n жанжал, v жанжаллашмоқ
quarter	[квотэ] n чорак, ам.25 цент, турар жой
queen	[квин] кирол хотини, шахм. фарзин
queer	[квиэ] adj қизиқ, ажойиб
question	[квэсчн] n савол, v савол бермоқ, сўрамоқ
questionnaire	[кестиэниэ] n анкета, саволнома
queue	[кью] навбат, навбатда турмоқ
quick	[квик] adj, adv тез
quiet	[квайет] n жимжитлик, сукунат, тинч,

ором

quit	[квик] v қолдирмоқ, кетмоқ
quite	[квайт] adv бутунлай, тамоман
quiver	[квивэ] v қалтирамоқ, қалтироқ
quote	[квоут] v цитата келтирмоқ, далил

қилмоқ

R

rabbit	[рэбит] n қуён
race	[рейс] n пойга, от чоптириш, гонки
racket	['рэкит] n теннис ракеткаси
radiator	[рейдиэйтэ] n радиатор
radio	[рейдиоу] n радио
radish	[редиш] n редиска
rag	[рэг] n латта, эски-туски
rage	[рейж] жаҳл, қутурмоқ, тополон қилмо
ragged	['рэгид] adj теккис эмас, йиртиқ, кийлган
raid	[рейд] n хужум, босқин, v бостириб кирмоқ
rail	[рейл] n панжара, рельс
railroad	[рейлроуд] n темир йўли
rain	[рейн] n ёмғир
raincoat	[рейн коут] n плашч
raise	[рейз] v кўтармоқ
raisins	[рейзнз] n кишмиш
rake	[рейк] n хаскаш, v тўдаламоқ, йигмоқ
ranch	[рэнч] n ранчо, ферма
ransom	[рэнсом] n хақ тўлаш, v хақ тўлаб қутқариб олмоқ
rape	[рейп] n ўгирлаш, зўрлик, v ўгирламоқ, зўрламоқ

280

rapid	[рэпид] adj **тез**	
rare	[рээ] adj **нодир, ноёб, одатдан ташқари**	
rash	[рэш] n **тошма, баданга тошган нарса**	
raspberry	[разбэри] n **парманчак**	
rat	[рэт] n **каламуш**	
rate	[рэйт] n **норма, нарх, баҳо**	
rather	['радэ] adv **тезроқ, яхшироқ, бироз**	
rational	['рэшнл] adj **зеҳнли, оқилона, тўғри**	
raven	[рейвн] n **қарға**	
raw	[ро:] adj **хом**	
ray	[рэй] n **нур**	
razor	[рэйзэ] n **устара, бритва**	
reach	[ри:ч] v **етиб бормоқ, эришмоқ, етмоқ**	
reaction	[ри:экшн] n **реакция, таъсирланиш**	
read	[рид] v **ўқимоқ**	
ready	['реди] adj **тайёр**	
real	[риэл] adj **ҳақиқий, чин**	
realise	[риэлайз] v **бажармоқ, амалга оширмоқ,**	

тушунмоқ

really	['риэли] adv **ҳақиқатда**	
rear	[риэ] adj **орқа, кетинги, орқа томон**	
reason	[ризн] n **сабаб, баҳона, асос, идроқ**	
reasonable	['ри:зэнэбл] adj **ақлли, идроқли, маъқул**	
recall	[ри'ко:л] v **чақиртириб олмоқ, йўқ**	

қилмоқ,   эсламоқ

receipt	[ри'си:т] n **олиш, тилхат, квитанция**	
receive	[ри'си:в] **олмоқ, қабул қилмоқ**	

recent	[ри:снт] adj	яқиндаги, янги
reception	[ри'сепшн] n	қабул, идроқ
recipe	['ресипи] n	рецепт, қўлланма
reckless	[реклис] adj	тентак, бепарво
reckon	['рекэн] v	санамоқ
recognize	[рекогнайз] v	танимоқ, билмоқ
recollect	[рекэ'лект] v	эсламоқ, ҳотирламоқ
recommend	[рекэменд] v	тавсия қилмоқ, маслаҳат
бермоқ		
reconcile	['реконсайл] v	яраштирмоқ
record	[ри'код] v ёзиб олмоқ, [ре:код] n ёзиш,	
протокол, қарор		
recover	[ри'кавэ] v	қайтармоқ, тузалмоқ
red	[рэд] adj	қизил, қирмизи
reduce	[ри'дьюс] v	кичрайтирмоқ, камайтмоқ
refer	[ри:фэ] v	гувоҳ қилиб кўрсатмоқ,
йўлламоқ		
reference	[ре:фрэнс] n	мисол, кўрсатиш, справка
reflect	[ри'флект] v	акс этмоқ, фикр қилмоқ
reform	[ри:фом] v	ўзгартирмоқ, ислоҳ қилмоқ, n
ислоҳот, реформа		
refreshment	[ри:френмент] n	қувватлаш, мадад бериш
refrigerator	[ре'фрижэрэйтэ] n	холодильник, совутучи
refugee	[ре'фьюжи] n	қочоқ, эмигрант
refund	[ри'фанд] v	ўрнини қопламоқ, қайтармоқ
refuse	[ри'фьюз] v	рад қилмоқ
regard	[ри'гад] v	кўрмоқ, текширмоқ, n ҳурмат,

таъзим, салом

region [рижэн] n соха, область, сфера, доира

register ['режистэ] v қайд қилмоқ, руйхатга
ОЛМОҚ

regret [ри'грет] v афсус қилмоқ, n ачиниш

regular [регъюлэ] adj тартибли, тўғри

reign [рейн] v пошшолик қилмоқ

reject [рижект] v қайтармоқ

relation [ри'лейшн] n муносабат, қариндош

relationship [рилейшншип] n қариндошлик

relative ['релэтив] adj нисбий, нисбатан, n
ҚАРИНДОШ

relax [ри'лэкс] v бўшашмоқ, дам олмоқ

release [ри:лис] бўшатмоқ, озод қилмоқ,
ҚЎЙВОРМОҚ

reliable [ри'лайэбл] adj ишончли, мустаҳкам

relieve [ри'лив] v енгиллаштирмоқ,
осонлаштирмоқ

religion [ри'лижн] n дин

rely [ри'лай] v ишанмоқ, суянмоқ

remain [ри'мейн] v қолмоқ, n қолдиқ

remark [ри'мак] v кўриб қолмоқ, n насиҳат

remarkable [ри'макэбл] adj ажойиб, жуда соз

remedy [ремиди] n восита, дори дармон v
тўғриламоқ

remember [ри'мембэ] v эсда турмоқ, хотирда
ТУТМОҚ

remind	[ри'майнд] v эслатмоқ, ёдига туширмоқ
remote	[ри'моут] adj узоқдаги, йироқ, чет
remove	[ри'му:в] узатлатмоқ, кўчмоқ
renew	[ри'нью] v қайтадан бошламоқ
rent	[рент] n ижара пораси, v ижарага олмоқ
repair	[ри'пээ] v тузатмоқ, ремонт қилмоқ, n тузатиш, ремонт
repeat	[ри'пит] v қайтармоқ
repetition	[ри'питишн] n қайтариш
replace	[ри'плэйс] v қайтариб қўймоқ, ўзгартирмоқ
reply	[ри'плай] v жавоб бермоқ, n жавоб
report	[ри:пот] n доклад, рапорт, маълумот, v ҳабар бермоқ
represent	[репри'зент] v тақдим этмоқ, тасаввур этмоқ, номоянда бўлмоқ
representative	[репризен'тэтив] adj ўзига хос, n вакил, номоянда
reproach	[ри'проуч] n таъна, гина, v таъна қилмоқ
reptile	['рептайл] n судралучилар, ўрмаловчилар
republic	[ри'паблик] n республика, жумҳурият
reputation	[репью'тейшн] n обрў, шухрат
request	[ри'квест] n илтимос, сўров, v илтимос қилмоқ
require	[ри'квайэ] v мухтож бўлмоқ, талаб қилмоқ
rescue	[рескью] v қутқармоқ, n қутқариш

research	[ри'сёч] n текшириш, илмий иш
resent	[ри'зент] v ҳафа бўлмоқ, аччиқламоқ
reservation	[резэ'вейшн] изоҳ, шарт, резервация
reserve	[ри'зэ:в] v сақламоқ, ғамлаб қўймоқ, n запас, ортиқ
residence	[резидэнс] n турар жой, резиденция
resign	[ри'зайн] v истеъфо бермоқ
resist	[ри'сист] v қаршилик кўрсатмоқ
resolution	[резэ'люшн] n қарор, резолюция
respect	[рис'пект] n ҳурмат, v ҳурмат қилмоқ
respectable	[рис'пектэбл] adj ҳурматли, муҳтарам, иззатли
respond	[рис'понд] v жавоб бермоқ, садо бермоқ
responsible	[рис'понсэбл] adj жавобгар, маъсул
rest	[рест] n дам олиш, ором, v дам олмоқ, ором олмоқ
restaurant	['рестэронг] n ресторан
restless	['рестлис] adj нотинч, безовта, тинмас
restore	[рис'то:] v тикламоқ, эски ҳолига қайтармоқ
restrict	[ри'стрикт] v чекламоқ, чегараламоқ
restroom	[реструм] n ҳожатхона
result	[ри'залт] n натижа, оқибат
resume	[ри'зью:м] v янгидан бошламоқ
retail	[ри'тейл] v чакана савдо, савдо қилмоқ
retire	[ри'тайэ] v истеъфо қилмоқ, четланмоқ
return	[ри'тён] v қайтмоқ, қайтиб келмоқ, n

қайтиш

reveal	[ри'ви:л]	v очмоқ, топмоқ, кашф этмоқ
revenge	[ри'венж]	n қасос, ўч, v ўч олмоқ, қасос олмоқ
reverse	[ри'вэ:с]	adj орқаси, тўнтарилган, v тўнтармоқ
review	[ри'вью]	n обзор, кўздан кечириш, v кўздан кечирмоқ
revolution	[ревэлюшн]	n инқилоб
reward	[ри'во:д]	n мукофот, v мукофотламоқ
rib	[риб]	n қирра, ён
ribbon	['рибон]	n лента
rice	[райс]	n гурунч
rich	[ри:ч]	adj бой, серҳосил
rid, ridden	[рид]	v қутқармоқ, халос қилмоқ
riddle	[ридл]	n топишмоқ
ride, rode, ridden	[райд]	v отга миниб бормоқ, n миниб юриш
rifle	[райфл]	n милтиқ
right	[райт]	adj тўғри, хақиқий, n ҳуқуқ
rigid	[ригид]	adj эгилмайдиган, қаттиқ
rim	[рим]	n чамбарак, қирра
rind	[райнд]	n пўстлоқ, пўчоқ
ring, rang, rung	[ринг]	v қўнғироқ қилмоқ
rinse	[ринз]	v чайқамоқ
riot	[райэт]	n исъён, ғалаён
ripe	[райп]	adj пишган, етилган

rise, rose, risen [райз] v турмоқ, чиқмоқ(қуёш), n тур
чиқиш, кўтарилиш

risk   [риск] n таваккал, v хавф остига қўймоқ
rival   [райвэл] n рақиб, кундош
river   [ривэ] n дарё
road   [роуд] n йўл
roar   [ро:] v хўнграмоқ, бақириб йиғлаш
roast   [роуст] v қовурмоқ, adj қовурилган, n
қовурма
rob   [роб] v таламоқ, ўғирламоқ
robber   [робэ] n ўғри, босмачи
rock   [рок] n қоя
rocket   [рокит] n ракета
rod   [род] n чивиқ, қалмоқ
roll   [роул] v юмалатмоқ, ёймоқ(хамир), n
тугунча
romantic   [ромэнтик] adj хаёлпарастлик, хаёлий
roof   [руф] n том, v том қилмоқ
room   [рум] n жой, хона
roommate   [руммейт] n хамхона
root   [рут] n томир, илдиз
rope   [роуп] n арғамчи, каноп
rose   [роуз] n атиргул
rot   [рот] n чириш, чирик
rotten   [ротен] adj чириган
rough   [раф] adj қўпол, дағал
round   [раунд] adj юмалоқ, n доира, adv атроф

route	[ру:т] n маршрут
row	[роу] n қатор, v эшмоқ, уриниш
royal	[ройэл] adj қиролли
rub	[раб] v қирғичламоқ, ишқамоқ
rubber	[рабэ] n резина, калиш
rubbish	[рабиш] n ахлат, сафсата
rug	[раг] n гилам
ruin	['руин] n халокат, v барбод бўлиш
rule	[рул] қоида, идора қилмоқ
rumor	[румэ] овоза, хабар
run, ran	[ран] v югирмоқ, оқмоқ
rural	[рузрэл] adj қишлоқи
rush	[раш] v елмоқ, учмоқ
Russian	[рашн] n рус, adj русча
rust	[раст] n занг, v зангламоқ
ruthless	[рӯтлис] adj бераҳм
rye	[рай] n жавдар, жавдари буғдой

S

sack	[сэк] n қоп
sacred	['сейкрид] adj муқаддас
sad	[сэд] adj хафа, ғамгин
safe	[сейф] adj хавфсиз, эсон-омон, n сейф
safety	['сейфти] n хавфсизлик
sail	[сейл] n елкан, сузиш, v сузмоқ(кемада)
saint	[сейнт] n авлиё
salad	[сэлэд] n салат

salary	[сэлэри] n ойлик, маош
sale	[сэйл] n сотиш
salesman	[сэйлсмэн] n сотувчи
salt	[со:лт] n тув, adj шўр, v тувламоқ
salute	[сэ'лю:т] n саломлашиш, салют, v
саломлашмоқ,	салют қилмоқ
same	[сэйм] adj бирхил, ўша
sample	[сампл] n намуна, нусха, v синаб кўрмоқ
sand	[сэнд] n қум
sandwich	['сэндвич] n сэндвич, бутерброд
sanitary	['сэнитэри] adj санитария
satin	['сэтин] n атлас
satisfaction	[сэтис'фэкшн] n мамнуният
satisfactory	[сэтисфэктори] adj мамнун
satisfy	['сэтисфай] v қаноатлантирмоқ,
кондирмоқ	
Saturday	[сатэди] n шанба
sauce	[со:с] n соус, зирвак
sausy	['со:си] adj бевбет, уятсив
sausage	[сосиж] n сосиска, колбаса
savage	[сэвиж] adj ёввойи, жахлли, n ёввойи
одам	
save	[сэйв] v қутқармоқ
savings bank	[сэвингв бэнк] n омонат банкаси
saw	[со:] n арра, v арраламоқ
say, said	[сэй] v гапирмоқ, айтмоқ
scald	[ско:лд] v (сув билан) куйдирмоқ

scale [скейл] n пўст

scandal [скэндл] n жанжал, шармандалик

scare [скээ] v қўрқитмоқ

scarf [ска:ф] n шарф

scene [си:н] n кўриниш

scent [сэнт] n хид, ис, атир, из, v хидламоқ

schedule ['скэдьюэл] n график, жадвал

scheme [ски:м] n схема, план, v ўйламоқ

scholar ['сколэ] n олим

scholarship [сколэшип] n стипендия

school [скул] n мактаб

science [сайенс] n фан

scientific [сайентифик] adj илмйи

scientist [сайентист] n олим

scissors [сиззэ] n қайчи

scold [скоулд] v сўкмоқ

scope [скоуп] n кенглик

scorch [ско:ч] v куйдирмоқ

scorn [ско:н] n нафрат, v нафратланмоқ

Scotch [скоч] n шотланд

scout [скаут] n разведкачи, қидириб топувчи

scramble [скрэмбл] v чирмашмоқ, курамоқ

scrap [скрэп] n парча, бўлак, бурда

scratch [скрэч] v тимдаламоқ, қашланмоқ

scream [скри:м] v қаттиқ чинқирмоқ, n
чинқириш

screen [скри:н] n тўсма, экран, v тўсмоқ, ҳимоя

қ и л м о қ

screw	[скру:] n винт, бурама мих, v винтни

бураб киргизмоқ

scruple	[скру:пл] n шубҳа, v уялмоқ,

шубҳаланмоқ

scrupulous	[скрупьюлэс] adj пухта, астойдил

ишлайдиган

sculptor	['скалптэ] n ҳайкалтарош
sculpture	['скалпчэ] n ҳайкал
sea	[си:] n денгиз
seam	[си:м] n чок
seaman	['си; мэн] n денгизчи
search	[сё:ч] v қидирмоқ, тинтимоқ, n қидириш

тинтув

seaside	['си:сайд] n денгиз қирғоғи
season	[си:зн] n йил фасли, фасл, v овқатга

зиравор солмоқ

seat	[си:т] n курси, ўтирадиган жой
second	[секэнд] num иккинчи
second	[секэнд] n секунда, дақиқа
secondary	[секэндари] adj иккинчи даражали, -

school - n ўрта мактаб

secret	[си:крит] n секрет, сир, adj секрет, сирли
secretary	['секрэтэри] n котиб, вазир, министр
secure	[си:кьюз] adj мустаҳкам, v тамин этмоқ
security	[си:кьюэрити] n хавфсизлик, таъминлаш

see, saw, seen [си:] v кўрмоқ, қарамоқ

291

seed [си:д] n уруғ

seek, sought [си:к] v қидирмоқ, урунмоқ

seem [си:м] v бўлиб кўринмоқ

seldom ['селдэм] adj кам, ора-сира

select [си:лект] v танламоқ, adj сайранма,
танланган

selection [си'лекшн] n танлаш

self [селф] pron ўзи, ўзини

self-control ['селф'контроул] n ўзини йўқотмаслик

selfish ['селфиш] adj худбинларча қилинган

sell, sold [сэл] v сотмоқ

senate ['сенит] n сенат

senator ['сенэтэ] n сенатор

send, sent [сэнд] v юбормоқ, жўнатмоқ

senior ['си:ньэ] adj катта, кекса

sensation [сен'сейшн] n сезги, туйғу, ҳис, сенсация

sense [сенс] n ҳис, эш, маъно, v ҳисламоқ

sensible ['сенсэбл] adj ақлли, фаросатли

sensitive ['сенситив] adj сезгир, нозик

sentence [сентэнс] n жумла, гап, ҳукм, v
ҳукмламоқ

sentiment [сентимент] n ҳис, фикр

separate ['сеприт] adj айрим, алоҳида, махсус

separation [сепэ'рейшн] n ажралиш, айрилиш

September [сэп'тэмбэ] n сентябрь

series ['сиэри:э] n серия, қатор

serious ['сиэриэс] adj жиддий, муҳим

servant	['сэ:вэнт] n хизматкор, уй хизматчиси
serve	['сэ:в] v хизмат қилмоқ
service	['сэ:вис] n хизмат, хизмат қилиш
session	['сешн] n сессия, мажлис, кенгаш
set	[сэт] v қўймоқ, тартибга келтирмоқ қўнмоқ(қуёш хақида), n тўплам
settle	['сэтл] v жойлашиб олмоқ
seven	[сэвн] num етти
several	['сэврэл] adv бир қанча
sew, sewed	[соу] v тикмоқ
sex	[секс] n жинс
shabby	['шэби] adj эскирган, кийилган
shade	['шейд] n кўланка, соя, парда, v тўсмоқ
shadow	['шадоу] n соя, шарпа, v кузатиб бормоқ
shady	['шейди] adj салқин, сояtyp, қоронги
shake, shook, shaken	[шейк] v силкитмоқ, n силкиниш
shall	[шэл] келгуси замон тузулувчи форма
shame	[шейм] n уят, шармандалик, v уялтирмоқ
shape	[шейп] n форма, тарз, кўриниш
share	[шеэ] n бўлак, қисм, v бўлинмоқ
shark	[ша:к] n акула
sharp	[ша:п] adj ўткир
shave, shaved, shaven	[шейв] v қирмоқ, соқол олмоқ
shawl	[шо:л] n рўмол, шол
she	[ши:] у (хотин-қизлар хақида)
shed	[шед] v тўкмоқ (баргини), ёш тўкмоқ
sheep	[ши:п] n қўй

sheet	[ши:т] n чойшаб, варақ
shelf	[шелф] n токча
shell	[шел] n пўст, чиғаноқ, патрон гильзаси
shelter	[шелтэ] n жой, макон, бошпана, v бошпана
бермоқ	
shepherd	['шепэд] n чўпон, подачи
shilling	[шилинг] n шилинг (инглиз майда пули)
shin	[шин] n болдир
shine	[шайн] v чарақламоқ, ярқирамоқ
ship	[шип] n кема, v кемага юкламоқ
shirt	[шёт] n эркак кўйлаги
shiver	['шивэ] v қалтирамоқ, қалтироқ
shock	[шок] n зарба, тепки, ҳаяжон, v ҳаяжонга
келтирмоқ	
shoe	[шу:] n ботинка, оёқ кийими
shoot, shot	[шу:т] v отмоқ(милтиқдан), n новда
shop	[шоп] n дўкон, магазин
shore	[шо:] n дарёнинг, денгизнинг қирғоғи
short	[шо:т] adj қисқа, пастбўйли
shortly	[шо:тли] adv сал илгари, сал ўтмай
should	[шуд] shall формасининг ўтган замони
shoulder	['шоулдэ] n елка, v елкаламоқ
shout	[шаут] v бақирмоқ, n бақириқ
shovel	[шавл] n курак, белкурак
show, showed, shown	[шоу] v кўрсатмоқ
shower	[шауэ] n сел, жала, ёмғир, душ, v қуймоқ
shut	[шат] v ёпмоқ, бекитмоқ

shy	[шай] adj уялчан, тортинчоқ
sick	[сик] n касал, бемор
sickle	[сикл] n ўроқ
sickness	['сикнис] n касаллик, ўқчиш
side	[сайд] n тараф, ён
siege	[си:ж] n қамал
sight	[сайт] n кўз, назар, томоша
sign	[сайн] n белги, нишон, v қўл қўймоқ
signal	[сигнэл] n сигнал, ишора, v
огоҳлантирмоқ		
signature	['сигничэ] n имзо
significance	[сиг'нификэнс] n маъно, мазмун
significant	[сиг'нификэнт] adj муҳим, кўп аҳамиятли
silence	[сайлэнс] n индамаслик, сукунат, v
овозни босиб кетмоқ		
silk	[силк] n шойи, ипак
silly	['сили] adj тентак
silver	[силвэ] n кумуш
similar	[симилэ] adj ўхшаш, шу сингари
simple	[симпл] adj оддий, осон
simultaneous	[симэл'тейниэс] adj бир вақтда
бўладиган, синхрон		
sin	[син] n гуноҳ, айб, v гуноҳ қилмоқ
since	[синс] conj чунки, негаки, -дан кейин
sincere	[син'сиэ] adj самимий
sing, sang, sung	[синг] v куйламоқ
singer	[сингэ] n ашулачи

single [СИНГЛ] adj ёлгиз, ягона, бўйдоқ, эрга тегмаган, v танламоқ

sir [сё:] n сэр, жаноб

sister [систэ] n опа

sister-in-law [систэин ло] n келин

sit, sat [сит] v ўтирмоқ

situation [ситьюэйшн] n вазият

six [сикс] num олти

size [сайз] n катталик, катта-кичиклик

skate [скейт] n коньки, v конькида учмоқ

sketch [скеч] n эскиз, скетч, v план чизмоқ

ski [ски:] n чанги, v чангида юрмоқ

skillful ['скилфул] adj моҳир, уддабуро

skin [скин] n тери, пўст, v терини шилмоқ

skirt [скё:т] n юбка

sky [скай] n осмон, кўк

skyscraper [скайскрейпэ] n небоскрёб, баланд бино

slander [слэндэ] n тўҳмат, бўҳтон, v тўҳмат қилмоқ

slang [слэнг] n шева, жаргон

Slav [сла:в] n славян

slave [слейв] n қул

sledge [слеж] n чана

sleep, slept [сли:п] v ухламоқ

sleeve [сли:в] n енг

slender ['слендэ] adj ингичка, нозик, хушқад

slice [слайс] n тилим, кесим

296

slight	[слайт] adj енгил, енгил-елпи	
slim	[слим] adj новик, озгин, хушкад	
slip	[слип] v сирганмоқ, сирганиш	
slipper	[слипэ] n шиппак	
sly	[слай] adj муғомбир, айёр	
small	[смол] adj кичкина	
smart	[сма:т] adj безанган, нафис, келишган	
smell	[смел] n ис, ҳид, v ҳиди келмоқ	
smile	[смайл] n табассум, v кулимсирамоқ	
smoke	[смоук] n тутун, v тутунламоқ, чекмоқ	
smooth	[смут] adj теккиз, v теккисламоқ	
snack	[снэк] n закуска, тамадди	
snake	[снэйк] n илон	
snap	[снэп] v тишламоқ	
sneeze	[сни:з] v чучкирмоқ, n чучкириш	
sniff	[сниф] v пишшилламоқ	
snore	[сно:] v ҳўрррак отмоқ	
snow	[сноу] n қор	
so	[со:] conj шундай, шундай қилиб	
soak	[соук] v ҳўл қилмоқ	
soap	[соуп] n совун, v совунламоқ	
soar	[со:] v баланд учмоқ	
soccer	[сокэ] n футбол	
social	[сошиэл] adj ижтимойи	
society	[сэ'сайети] n жамият	
sock	[сок] n пайпоқ	
sofa	[соуфэ] n дивон	

soft   [софт] adj юмшоқ, нозик, енгил (ичимлик)

soil   [сойл] n ер, тупроқ

soldier   [соулжэ] n аскар

sole   [соул] adj ёлгиз

solid   [солид] adj қаттиқ, маҳкам

solitude   [солитьюд] n ёлгизлик

solution   [сэ'люшн] n қарор

solve   [солв] v қарор қилмоқ, руҳсат бермоқ

some   [сам] adj,pron бир қандай, аллаким, бир
қанча, баъзи

somebody   [санбоди] pron бирким, аллаким

somehow   [самхау] adv бир иложи қилиб

someone   [самван] pron бирким, аллаким

something   [самТинг] pron бир нарса, алланарса

sometimes   [самтаймэ] adv баъзан, баъзи вақтда

somewhere   [самвэз] adv бирерда, аллакаерда,
аллакаерга

son   [сан] n ўгил

song   [сонг] n қўшиқ

son-in-law   [сан ин ло] n куёв

soon   [су:н] adv тез орада

sore   [со:] adj касалванд, n яра

sorrow   [сороу] n гам, мусибат, қайгу

sorry   ['сори] кечиринг!

sort   [со:т] n нав, сорт, хил, v сортламоқ

soul   [соул] n жон, дил

sound   [саунд] n товуш, садо, овоз, v товуш

чиқармоқ

soup	[соуп] n шўрва
sour	[сауэр] adj ачиган
source	[со:рс n булоқ, бошланиш
south	[саут] n, adj жануб, жанубий
sow, sowed, sown [соу] v экмоқ
space	[спейс] n фазо, макон, бўшлиқ
spade	[спейд] n белкурак
Spain	[спэйн] n Испания, испан
spare	[спээ] v сақламоқ, асрамоқ
spark	[спа:к] n учқун, бирдан ёниб кетиш
sparrow	[спэроу] n чимчиқ
spasm	[спаэм] n томир тортиш
speak, spoke, spoken [спи:к] v гапирмоқ, демоқ
speaker	[спикэ] n оратор, нотиқ
special	[спэшэл] adj махсус, алохида
specialist	[спэшэлист] n мутахассис
specific	[спэсифик] adj мос, спесифик
spectator	[спектэйтэ] n томашабин
speech	[спич] n нутқ
speed	[спи:д] n тезлик, v шошилмоқ
spelling	[спелинг] n тўгри ёзиш
spend, spent	[спенд] v сарфламоқ, вақт кеткизмоқ
spice	[спайс] n доривор, зиравор
spider	[спайдэ] n ўргамчик
spill, spilt	[спил] v тўкмоқ
spin, spun	[спин] v айлантирмоқ, тўқимоқ

spine	[спайн] n умуртқа суяк	
spirit	[спирит] n рух, кайфият	
spit, spat	[спит] v тупурмоқ	
splash	[сплэш] v сачрамоқ, n шалоплаш	
splendid	[сплендид] adj ҳашаматли, дабдабали	
split, spoilt	[сплит] v чақмоқ, n ажралиш,	

ихтилоф

sponsor	[спонсэ] n ҳомий, пул берган, v кафил

бўлмоқ

spoon	[спун] n қошиқ
sport	[спо:т] n спорт
spot	[спот] n доғ, жой, ҳуснбузар
spouse	[спауз] n эр, хотин
spray	[спрэй] n майда бўлакчалар, v пуркамоқ
spread	[спрэд] v ёзмоқ(бир нарсани),

сочмоқ

spring	[спринг] n баҳор
spring, sprang, sprung	[спринг] v сакрамоқ
spruce	[спрус] n олифта
spy	[спай] n шпион, v шпионламоқ
square	[сквээ] adj тўртбурчакли, n квадрат,

тўртбурчак

squeeze	[скви:з] v эзмоқ, итариб киргизмоқ
squirrel	[сквирэл] n олмахон
stab	[стэб] v санчимоқ
stability	[стэбилити] n тургунлик, мустаҳкамлик
stable	[стэйбл] adj тургун, барқарорлик

stack	[стэк] n тўда, уюм
staff	[ста:ↈ] n штат, ходимлар
stage	[стейж] n саҳна, v саҳналаштирмоқ
stair	[стээ] n зинапоя, нарвон
stake	[стэйк] n дов,
stale	[стэйл] adj қаттиқ, қоқ
stall	[сто:л] дўкон, огил
stammer	['стамэ] v дудуқламоқ
stamp	[стэмп] v маркаламоқ, n марка
stand, stood	[стэнд] v турмоқ, турғизмоқ
star	[ста:] n юлдуз
stare	[стээ] v ангрaйиб қарамоқ
start	[ста:т] v бошламоқ, жўнамоқ, n
бошланиш, старт	
statement	[стейтмэнт] n баёнот, тасдиқлаш
station	[стэйшн] n станция, вокзал, v кўчмоқ
stationary	['стейшнэри] adj ҳаракатсиз
stationery	['стейшнэри] n ёзув асбоблари
statue	[статью] n ҳайкал, обида
status	[стэйтис] n вазият, ҳолат, статус
stay	[стэй] v қолмоқ, тўнамоқ, меҳмон
бўлмоқ	
steak	[стейк] n биↈштеккс, гўшт
steal, stole, stolen	[сти:л] v ўғирламоқ
steam	[сти:м] n ҳовур, v ҳовур чиқармоқ
steamer	[сти:мэ] n пароход, кема
steel	[сти:л] n, adj пўлат

steep	[СТИ:П] тик, тикка, кескин
steer	[СТИЭ] v мошина ҳайдамоқ
stem	[СТЕМ] n тана, поя
step	[СТЭП] n қадам
stepmother	[СТЭПМАДЭ] n ўгай она
stew	[СТЬЮ] v димламоқ
stick, stuck	[СТИК] v санчмоқ, елимламоқ
sticky	[СТИКИ] adj ёпишқоқ
stiff	[СТИФ] эгилмас, қотган, совуган
still	[СТИЛ] adv ҳалигача, ҳали ҳам
stimulate	[СТИМЬЮЛЕЙТ] v чидамоқ, стимул бермоқ
sting, stung	[СТИНГ] v чақмоқ, n найза, чақиш
stock	[СТО:К] n қабила, фонд, акция
stocking	[СТО:КИНГ] n пайпоқ
stomach	[СТОМЭК] n ошқозон, қорин
stone	[СТОУН] n, adj тош
stool	[СТУЛ] n табуретка, стул
stop	[СТОП] v тўхтамоқ, тўхтатмоқ, n тўхташ
store	[СТО:] n магазин
storm	[СТО:М] n бўрон, ҳужум
story	[СТОРИ] n ҳикоя, қисса
stove	[СТОУВ] n ўчоқ, тандир
straight	[СТРЕЙТ] adj тўгри, adv тўгрига
strain	[СТРЕЙН] v таранг тортмоқ
strange	[СТРЭНЖ] adj ажойиб, ёт, бегона, нотаниш
stranger	[СТРЕЙНЖЭ] n бегона, ёт одам
strangle	[СТРЭНГЛ] v бўгмоқ

straw   [стро:] n ҳашак

strawberry   [стробери] n қулупнай

stray   [стрэй] v йўлдан адашмоқ, adj адашкан

streak   [стрик] n қат, чизиқ

stream   [стрим] n оқим, v оқмоқ

street   [стрит] n кўча

strength   [стрэнгт] n куч

stress   [стрес] n сиқиш, босиш, урғу, v
тақидламоқ, урғу қўймоқ

stretch   [стреч] v чўзилмоқ, n чўзилиш

stretcher   [стречэ] n замбил

strict   [стрикт] adj талабчан

strike, struck [стрэйк] v урилмоқ

string   [стринг] n арғамчи, ип, тор, қатор, v
бойламоқ

stripe   [страйп] n чизим, нашивка(фарқ белгиси)

strive, strove, striven[страйв] v тиришмоқ

stroke   [строук] n зарба, уриш, v силамоқ

strong   [стронг] adj кучли, қувватли

structure   [стракчэ] n бино, тузилиш

struggle   [страгл] v курашмоқ, n кураш

stubborn   [стабон] adj тиришқоқ, ўжар

student   [стьюдент] n студент, талаба, ўқувчи

study   [стади] n ўқиш, ўрганиш, v ўрганмоқ,
ўқимоқ

stuff   [стаф] n материал, v тўлдирмоқ, тиқмоқ

stupid   [стьюпид] n тентак, аҳмоқ

303

stupidity	[стьюпидити] n ақлсизлик, аҳмоқлик
style	[стайл] n стиль, расм, мода, бичим, нусха
subject	[сабжикт] adj бўйсундирилган, n

предмет, мавзу, дарс

submarine	[сабмарин] сув ости кемаси
submit	[сабмит] v бўйсунмоқ
subscription	[сабскрипшн] n обуна, ёзилиш
substance	[сабстанс] n моҳият, асос, модда, материя
substitude	[сабститьюд] n ўринбосар, ўрнини

босучи, v ўзгартирмоқ

subtle	[сатл] adj ингичка, тутиб бўлмайдиган
subtract	[сабтракт] v олмоқ, чиқармоқ
suburb	[сабо:б] n шаҳар атрофи
subway	[сабвэй] n тоннель, метро
succeed	[сэксид] v кетидан бормоқ, мақсадга

етмоқ

success	[сэксэс] n муваффақият
successful	[сэксэсфул] adj муваффақиятли
such	[сач] pron шундай
suck	[сак] v сўрмоқ
suddenly	[садэнли] adv бирдан, тўсатдан
suffer	[сафэ] v қийналмоқ, азоб чекмоқ
sugar	['шугэ] n шакар
suggest	[сэ'жест] v тақдим қилмоқ
suggestion	[сэ'жешн] n таклиф қилиш(бир нарсани)
suicide	[сьюсайд] n ўз ўзини ўлдириш
suit	[сьют] n костюм

suitable	[сьютэбл] adj тўғри келадиган	
suitcase	[сьюткейз] n чамадон	
sum	[сам] n жамъи, йиғинди, хаммаси, v тўпламоқ	
summer	[самэ] n ёз	
summary	[самэри] n қисқача мазмуни	
summit	[самит] n тепа, тепалик, чўққи	
sun	[сан] n қуёш, офтоб	
Sunday	[санди] n якшанба	
sunflower	[санфлауэ] n кунгабоқар	
sunny	[сани] adj қуёшли	
sunrise	[санрайз] n қуёш чиқиши	
sunset	[сансэт] n қуёш ботиши	
sunshine	[саншайн] n қуёш нури	
superior	[сью:пиэриэ] олий, энг яхши	
supervise	[сьюпэвайз] v қарамоқ	
supper	[сапэ] n кечки овқат	
supply	[сэ'плай] v таминламоқ, n таминлаш	
support	[сэ'по:т] v қувватламоқ, n қувватлаш	
suppose	[сэ'поуз] v мўлжалламоқ	
supress	[сэ'прес] v бостирмоқ, босмоқ	
supreme	[сью:прим] adj олий	
sure	[шуэ] adj ишонган, adv шубҳасиз	
surgery	[сэжэри] n хирургия, жарроҳлик	
surname	[сэ'нэйм] n лақаб, фамилия	
surprise	[сэ'прайз] v ҳайратланмоқ, n ҳайрат, сюрприз	

surround	[сэ'раунд] v ораб олмоқ
survive	[сэ'вайв] v тирик қолмоқ
suspect	[сэспект] v гумон қилмоқ, adj гумон қилинган
suspicion	[сэспишн] n гумон, шубҳа
swallow	[свэлоу] v ютмоқ, n ютиш(бир нарсани)
swamp	[свэмп] n балчиқ
swan	[свон] n оққуш
swear, swore	[свиэ] v қасам ичмоқ
sweat	[свет] n тер, v терламоқ
sweep, swept	[свип] v шупурмоқ
sweet	[сви:т] adj ширин, n жон, ширинлик
swell, swelled, swollen	[свел] v ишимоқ
swim, swam, swum	[сви:м] в сузмоқ(сувда)
swimming pool	[свиминг пул] n бассейн
swine	[свайн] n чўчқа
swing, swung	[свинг] v тебранмоқ, n тебраниш
switch	[свич] n хивич, v саваламоқ, n виключатель
switch on	[свич он] v ёқмоқ(чироқни, радиони)
switch off	[свич оф] v ўчирмоқ(чироқни, радиони)
sword	[сво:д] n қилич
sympathy	[симпэти] n ачиниш, раҳм
system	[систим] n тартиб, система
systematic	[систимэтик] adj доимо, мунтазам

table	[тэйбл] n стол
tablecloth	[тэйблклот] n дастархон
tablespoon	[тэйблспун] n қошиқ
tablet	[тэблит] n таблетка
tactful	[тэктфул] adj хушмуомалали
Tadjik	[та:жик] n тожик
tag	[тэг] n ёрлиқ, этик қулоги
tail	[тейл] n дум
tailor	[тэйлэ] n тикучи
take, took, taken	[тэйк] v олмоқ
tale	[тэйл] n ҳикоя, эртак
talk	[то:к] v гапирмоқ, суҳбатлашмоқ
tall	[то:л] adj баланд, узун
tangerine	[тэнжерин] n мандарин
tangle	[тэнгл] n чалкаш-чулкаш, чигал, v чигаллашмоқ
tank	[тэнк] n бак, танк
tape	[тэйп] n тасма, жияк, магнитоплёнка
tape recorder	[тэйпрекодэ] n магнитофон
target	[та:гит] n мўлжал, нишон
tart	[та:т] adj аччиқ, чучик
task	[та:ск] n топшириқ, масала
taste	[тэйст] n там, маза, v тотимоқ
tax	[тэкс] n налог, солиқ, v солиқ солмоқ

taxi   [ТЭКСИ] n такси

tea   [ТИ:] n чой

teach, taught   [ТИ:Ч] v ўқитмоқ, ўргатмоқ

teacher   [ТИ:ЧЭ] n муаллим, ўқитувчи

teapot   [ТИ:ПОТ] n чойнак

tear, tore, torn [ТИЭ] v йиртмоқ, n тешик, йиртиқ

tear   [ТИЭ] n кўз ёши

teaspoon   [ТИ: СПУН] n чойқошиқ

telephone   [ТЕЛИФОУН] n телефон, v телефон қилмоқ

television   [ТЕЛЕВИЖН] n телевизион

tell, told   [ТЭЛ] v айтмоқ, айтиб бермоқ, гапирмоқ

temper   ['ТЭМПЭ] n характер, кайфият, хулқ

temperature   ['ТЭМПРИЧЭ] n иситма, температура,
ҳарорат

temple   [ТЭМПЛ] n қаср, ибодатхона

temporary   ['ТЭМПОРЭРИ] adj вақтинчалик, вақтли

temptation   [ТЭМПТЭЙШН] n васваса, алдов

tempting   [ТЭМПТИНГ] adj қизиқтирадиган

ten   [ТЭН] num ўн

tenant   ['ТЕНАНТ] n ижарачи, турувчи, яшовчи

tend   [ТЭНД] v унамоқ, кўнмоқ

tendency   [ТЭНДЭНСИ] n одат, қилиқ, ҳоҳиш, рағбат

tender   [ТЭНДЭ] adj нозик, таъсирчан

tennis   [ТЭНИС] n теннис

tense   [ТЭНС] грам. замон

tension   [ТЭНШН] n кучланиш

tent   [ТЭНТ] n палатка, чодир

term	[тэ:м] n вақт, семестр, термин
terminal	[тэминл] n йўлнинг оҳири, adj сўнгги
terminate	[тэминэйт] v тугатмоқ
terrace	[тэрэс] n айвон
terrible	[тэрибл] adj қўрқинчли, даҳшат
terrific	[тэрифик] adj чиройли, ҳашаматли
territory	[тэритори] n территория
terror	[тэро:] n террор
test	[тэст] n синаш, синов, v синамоқ
testify	[тэстифай] v гувоҳлик бермоқ
testimony	['тэстимони] n кўрсатма, гувоҳлик
text	[текст] n текст, асарнинг сўзлари
textile	[текстайл] adj тўқимачилик
than	[дэн] conj кўра, қараганда
thank	[тэнк] v ташаккур билдирмоқ
thank you	[тэнк] n раҳмат, ташаккур
that	[дэт] pron у , conj учун, -га
thaw	[до:] v эримоқ
the	[ди:] қатий артикль
theatre	[тиэтэ] n театр
theft	[тефт] n ўғирлик
their	[диэ] pron уларники, ўзиники
them	[дэм] pron уларга, уларни
then	[дэн] adv у вақтда, кейин, бўлмаса
there	[дээ] adv у ерда, у ерга, бу ерда
therefore	[дээфо:] adv ана шу учун
these	[ди:з] pron булар

they	[Дэй] pron улар	
thick	[Тик] adj ёғон, семиз	
thickness	[Тикнис] n ёғонлик, семизлик	
thief	[Ти♦] n ўгри	
thigh	[Тай] n сон	
thin	[Тин] adj ингичка, озғин	
thing	[Тинг] n нарса, мавзу, иш, нарсалар	
think, thought	[Тинк] v ўйламоқ	
thirst	[Тёст] n чанқоқ, v чанқамоқ	
thirteen	[Тё:ти:н] num ўн уч	
thirtieth	[Тё:ти:т] num ўн учинчи	
thirty	[Тё:ти] num ўттиз	
this	[Ди:з] pron бу	
thorn	[То:н] n тикон	
thorough	[Та:рэ] adj тўла, камол	
those	[До:уз] pron улар	
though	[Доу] conj бўлса ҳам, гарчи	
thought	[То:т] n фикр, фикрлаш	
thousand	[Тауээнд] num минг	
thrash	[Трэш] v урмоқ	
thread	[Трэд] n ип	
threat	[Трэт] n ҳавф, хатар	
three	[Три:] num уч	
threshold	[Трэшхоулд] n остона	
thrill	[Три:л] n ҳаяжонлик, v ҳаяжонламоқ	
throat	[Троут] n томоқ	
throne	[Троун] n тахт	

through	[Tру:] prep устига, орасидан, ичидан
throw, threw, thrown	[Троу] v ташламоқ
thrust	[Траст] v итармоқ,
thumb	[Там] n башмалдоқ
thunder	[Тандэ] n момақалдироқ, v гумбирламоқ
Thursday	[Тёзди] n пайшанба
thus	[Дэз] adv шундай қилиб
ticket	[тикит] n билет
tide	[тайд] n сув тошиши, сув қайтиши(денгизда)
tidy	[тайди] adj озода, пухта
tie	[тай] v боғламоқ, n алоқа, галстук
tiger	['тайге] n йўлбарс
tight	[тайт] adj таранг, зич тўлдирилган
tile	[тайл] n черепица, кафель, кошин
till	[тил] -га, гача, -гунча
tilt	[тилт] n нишоб, қиялик, v энгашмоқ
time	[тайм] n вақт, муддат, v вақтига тўғри келтирмоқ
time-table	[таймтэйбл] n жадвал
tin	[тин] n қалайи, консерва банкаси
tint	[тинт] n тус, тур, хил
tiny	[тайни] adj кичкинагина, майдагина
tip	[тип] n учи, чойчақа, чойпули
tire	[тайэ] v чарчамоқ
tire	[тайэ] n мошина шинаси

311

tissue	[ТИСЬЮ] n газмол
title	[ТАЙТЛ] n сарлавҳа, ном, унвон
to	[ТУ:] тарафини кўрсатадиган юқлама, инфинитив олдидан қуиладиган юқлама
toast	[ТОУСТ] n қуритилган, v қурутмоқ
tobacco	[ТЭ'БЭКОУ] n тамаки
today	[ТЭ'ДЭЙ] n бугун
toe	[ТОУ] n оёқ панжаси
together	[ТЭ'ГЭДЭ] adv биргаликда, бирга
toilet	[ТОЙЛИТ] n ҳожатхона
tolerant	[ТОЛЕРЭНТ] adj чидаб бўладиган
tomato	[ТЭ'МА:ТОУ] n помилдори
tomb	[ТУ:М] n қабр, мақбара
tomorrow	[ТЭ'МОРОУ] adv эртага
ton	[ТАН] n тонна
tone	[ТОУН] n оҳанг, товуш
tongue	[ТАНГ] n тил
tonight	[ТЭ'НАЙТ] adv бу оқшом, бу кеча
too	[ТУ:] adv ҳам
tool	[ТУ:Л] n асбоб
tooth	[ТУ:Т] n тиш
toothbrush	[ТУ:ТбРАШ] n тиш шчёткаси
toothpaste	[ТУТПЕЙСТ] n тиш пастаси
top	[ТОП] n тепа, чўққи, юқори
topic	[ТОПИК] n мавзуъ, предмет
torch	[ТО:Ч] n машъал, машала
torment	[ТО:МЕНТ] v қийнамоқ, n қийналиш

torture	[то:чэ] n қийноқ, v қийноққа солмоқ
total	[тоутл] adj барча, буткул, n жам, якун
touch	[тач] v тегмоқ, n тегиш
tough	[таф] adj қаттиқ, дағал
tour	[туэр] n саёҳат, турне, v саёҳат қилмоқ
tourist	[туэрист] n турист, саёҳатчи
tow	[тоу] v буксир қилмоқ
towards	[товэдэ] prep томон йўналиш
towel	[тауэл] n сочиқ
tower	[тауэ] n минора, мезана, v баланд
турмоқ	
town	[таун] n шаҳар
toy	[той] n ўйинчоқ
trace	[трэйс] n из, v изламоқ, чизмоқ
track	[трэк] n из, ғилдирак изи, йўл, v излаб
топмоқ	
trade	[трэйд] n савдо, хунар, v савдо қилмоқ
tradition	[традишн] n анъана, урф-одат, ривоят
traffic	['трэфик] n кўча ҳаракати, транспорт
tragic	[трэжик] adj фожиали
trail	[трэйл] v суқмоқ, судраб ташимоқ
train	[трэйн] n поезд
training	[трэйнинг] ўргатиш, тренировка
traitor	[трэйтэ] n хоин, хиёнатчи
tram	[трэм] n трамвай
transfer	[трэнсфё] v кўчирмоқ, кўчириш,
юбориш(пул)	

transform	[трэнсфом] v ўзгартирмоқ, айлантирмоқ
transit	[трэнзит] v ташиб келтириш, n ташиш, **транзит**
translate	[транслэйт] v таржима қилмоқ
translation	[транслэйшн] n таржима
transmission	[трансмишн] n передача(мошинада)
trap	[трэп] n қопқон, тузоқ
trash	[трэш] n эски-туски
travel	[трэвэл] v саёҳат қилмоқ, жилмоқ, n **саёҳат, сафар**
traveler	[трэвэлэ] n саёҳатчи
tray	[трэй] n патнус
treason	[три:зн] n давлатга ҳиёнат қилиш
treasure	[трэжэ] n ҳазина, v сақламоқ, **қадрламоқ**
treat	[три:т] v парвариш қилмоқ, даволамоқ
treatment	[тритмент] n даволаш
treaty	[три:ти] n шартнома
tree	[три:] n дарахт
tremble	[трэмбл] v қалтирамоқ
trend	[трэнд] n йўналиш
trespass	['треспэс] v чегара бузмоқ
trial	[трайэл] n синов, суд
triangle	[трайэнгл] n учбурчак
tribe	[трайб] n қабила, уруғ
trick	[трик] n айёрлик, қийла
trifle	[трайфл] n арзимас нарса

trip	[трип] n саёҳат, сафар, v кемада саёҳат **қилиш**
triumph	[трайэмф] n тантана, v шодланмоқ
troops	[тру:пс] n аскарлар, қўшин
trouble	[трабл] n ташвиш, v ташвишлантирмоқ
trousers	[траузес] n шим
truce	[тру:с] n ярашиш, вақтинча сулҳ
truck	[трак] n грузовик, вагон-платформа
true	[тру:] adj ҳақиқий, тўғри, n асл нусха
trust	[траст] n ишонч, трест, v ишонмоқ
truth	[тру:т] n ҳақиқат
try	[трай] v уринмоқ, тиришмоқ
tub	[таб] n катта ёғоч пақир
tube	[тьюб] n тюбик
Tuesday	[тьюзди] n сешанба
tulip	[тьюлип] n лола, гуллола
tune	[тьюн] n куй, наво, v **тўғриламоқ(радио)**
tunnel	[танэл] n туннель
Turk	[тэ:к] n турк
turkey	[тэ:ки] n ҳинд товуқ, курка хўроз, **қулқул товуқ**
Turkish	[тэ:киш] adj туркий
Turkman	[тэ:кмен] n туркман
turn	[тё:н] v айланмоқ, бурилмоқ
turn off	[тё:н оф] v бекитмоқ(бураб)
turn on	[тё:н он] v очмоқ(бураб)

315

turtle	[тё:тл] n	тошбақа
turnip	[тё:нип] n	шолғом
twelth	[твэлт] num	ўниккинчи
twelve	[твэлв] num	ўн икки
twentieth	[твѳнтит] num	ийгирманчи
twenty	[твѳнти] num	ийгирма
twice	[твайс]	икки марта, икки бор
twins	[твинз] n	эгизак
twist	[твист] v	айлантирмоқ
two	[ту:] num	икки
type	[тайп] n	нусха, шрифт, v мошинкада

босмоқ

typewriter	[тайпрайтэ] n	босма ношинкаси
typical	[типикэл] adj	типик, хослик
typist	[тайпист]	мошинист хотин

U

ugly	['агли] adj	жуда хунук, бадбашара
Ukranian	[ю:крэйнизн] n, adj	украин
ulcer	['алсэ] n	яра, жароҳат
umbrella	[ам'брэлэ] n	соявон, зонт
unable	[ан'эйбл] adj	лаёқатсиз
unanimous	[ю'нэнимэс] n	якдиллик, adj бир

оғиздан қабул қилинган

unarmed	[ан'а:мд] adj	қуролсиз
unbearable	[ан'биэрэбл] adj	ақлга сиғмайдиган,

бениҳоят

316

unbelievable	[ан'били:вэбл] adj	ундаб бўлмайдиган
unbutton	[ан'батн] v	тугмасини ечмоқ
uncle	[анкл] n	тоға, амаки
uncomfortable	[ан'камфэтэбл] adj	ноқулай, ўнғайсиз
uncommon	[ан'комэн]	фавқулодда, одатдан ташқари
unconcious	[ан'коншэс] adj	шубҳасиз
uncover	[ан'кавэ] v	очмоқ, олмоқ
under	['андэ] prep	остига, тагига, паст, қуйи
underground	[андэ'граунд] adj	ер остида, n метро
underline	[андэ'лайн] v	тагини чизмоқ
understand, understood, understood	[андэ'стэнд] v	тушунмоқ, англамоқ
underwear	[анэдэ'виэ] n	ички кийим
undress	[ан'дрэс] v	ечмоқ, n уй кийими
unemployed	[ан'имплойд] adj	ишсиз, бекор
unemployment	[ан'имплоймент] n	ишсизлик
unequal	[ан'иквэл] adj	нотенг
uneven	[ан'и:вн] adj	нотеккис, эгри-бугри
unexpected	[ан'икспектид] adj	кутилмаган, тасодифий
unfaightful	[ан'фэйтфул] adj	нотўгри, ноаниқ, аниқсиз
unfit	[ан'фит] adj	ярамас
unfurnished	[ан'фё:ништ] adj	жиҳозсиз, мебельсиз
ungrateful	[ан'гретфул] adj	ношукур
unhappy	[ан'хэпи] adj	бахтсиз

unhealthy	[анˈхэлти] adj касалванд, бетоб	
uniform	[йюˈнифом] adj бир хил, n форма	
unify	[йюˈнифай] v биргалаштирмоқ	
union	[йюˈнизн] n бирлашма, иттифоқ, союз	
unique	[йюˈник] adj ёлғиз, битта-битта	
unit	[йюˈнит] n қисм, бўлак	
unite	[йюˈнайт] v бирлашмоқ	
universe	[йюˈниверс] n олам, коинот	
university	[юниˈвэсити] n университет	
unjust	[анˈжаст] adj ноқат, адолатсиз	
unknown	[анˈноун] adj нотаниш, n нотаниш одам	
unless	[анˈлес] conj агар бўлмаса	
unlike	[анˈлайк] adj ўхшамайдиган	
unlimited	[анˈлимитид] adj чексиз	
unload	[анˈлоуд] v юкдан бўшатмоқ	
unlock	[анˈлок] v очмоқ	
unlucky	[анˈлаки] бахтсиз, баракасиз	
unpack	[анˈпэк] v очмоқ, ўровини олмоқ	
unnecessary	[анˈнэсисэри] adj кераксиз, ортиқ	
unpleasant	[анˈплезнт] adj ёқимсиз	
unprepared	[анˈприˈпээд] adj тайёр эмас,	

тайёрланмасдан

unreal	[анˈризл] adj хақиқий эмас, ясама	
unrest	[анˈрест] n хаяжон, ташвиш	
unstable	[анˈстэйбл] adj юмшоқ, бўш	
until	[ан тил] prep хозирча, -гача, -гунча	
unusual	[анˈ южузл] adj ажойиб	

318

up	[ап] adv тепада, тепага, тепароқ
upbringing	[апбрингинг] n тарбия
upon	[э'пон] қаранг on сўзни
upper	[апэ] adj юқори, олий
upright	[апрайт] adj тўғри, дангал, ростгўй
upset	[ап'сэт] v тўнтармоқ, ҳаѕа қилмоқ
upside-down	[ап'сайд даун] adv остин-устин, ағдар-
тўнтар	
upstairs	[ап'стэѕэ] adv тепага (зинапоя орқали)
up-to-date	[аптудэйт] adj замонавий, ҳозирги
urge	[э:ж] v мажбур этмоқ, ундамоқ
urgent	[эжэнт] adj тез, қаттиқ
urine	[ю'рин] n сийдик
us	[ас] pron бизнинг, бизга, бизлар билан
use	[ю:з] n ѕойдаланиш, v ѕойдаланмоқ
useful	[ю:зѕул] adj ѕойдали, керакли
useless	[юэлис] adj кераксиз, беѕойда
usher	['ашэ] n швейцар, v кузатмоқ (жойгача)
usual	[южуэл] adj оддий, одатдаги
usually	[южуэли] adv одатда, одатан
utility	[ю:тилити] n коммунал ҳизмат, ѕойдали
бўлишлик	
utmost	[атмоуст] adj охирги, сўнгги, энг кўпи
Uzbek	[узбек] n ўзбек
Uzbekistan	[узбекистан] n Ўзбекистон

V

vacancy ['вейкэнси] n бўшлик, вакансия

vacant ['вейкэнт] adj бўш, озод

vacation [вэ'кейшн] n татил, каникул, отпуск

vaccinate [вэксинэйт] v эмламоқ

vacuum cleaner [вэкьюэм клинэ] n пылесос

vague [вейг] adj хира, норавшан

vain [вейн] adj бехуда, шухратпараст

valid ['вэлид] adj кучга эга бўлган, мавжуд

valley ['вэли] n водий

valuable ['вэльюэбл] adj қимматли, баҳоли, n қимматбаҳо тош

value ['вэлью] n қиммат, нарх, v баҳо бермоқ

van [вэн] n фургон, юк вагони

vanish ['вэниш] v йўқолмоқ, ғойиб бўлмоқ

variable ['вэриэбл] adj ўзгарувчи

various [вээриэс] adj турли, хилма-хил

varnish ['ве'ниш] n лок, v локламоқ

vary ['вээри] v олмашмоқ, ўзгармоқ

vase [ваːз] n ваза, гулдон

veal [виːл] n бузоқ гўшти

vegetable ['вежитэбл] n сабзавот

vehicle [биːикл] n арава, транспорт

vein [вейн] n қон томири, пай

velvet ['велвит] n бахмал, бархит

venereal	[ви'низризл] adj венерик
vengeance	[вэнжэнс] n ўч, қасос
venison	[вензн] n кийик гўшти
vent	[вент] nтешик, v йўл бермоқ(бир
нарсага)	
ventilation	[вентилэйшн] n ҳаво тозалаш
venture	[венчэ] n таваккал корхона
verb	[вё:б] n феъл
verbal	[вё:бэл] adj феълли
verdict	[вэ:дикт] n ҳукм
verge	[вэ:ж] қирра, чекка
verify	[верифай] v текширмоқ
very	[вэри] adv жуда
vest	[вест] n камзул
via	[вайа] бировнинг орқали хат юбормоқ
vicious	[вишэс] adj ахлоқсиз, бадзахл
victim	[виктим] n қурбон,,v қийнамоқ
victory	[виктэри] n ғалаба
view	[вью:] n кўриниш, манзара, қараш
vigorous	[вигэрэс] adj кучли, ғайратли
village	[вилиж] n кишлоқ
vine	[вайн] n узум новдаси
vinegar	[визнегэ] n сирка
violate	[вайэлейт] v бузмоқ, зўравонлик
қилмоқ	
violence	[вайзлэнс] n зўрлик
violent	[вайзлэнт] adj мажбурий, зўраки

321

violet	[ВАЙЭЛИТ] n бинафша
virgin	[ВЭ:ЖИН] n иффатли қиз, adj иффатли
virile	[ВИРАЙЛ] adj балоғатга етган
virtue	[ВЭТ'Ю] n фазилат, ҳиммат
visa	[ВИ:За] n виза, v виза қўймоқ
vision	[ВИЖН] n кўриш, манзара
visit	[ВИЗИТ] v зиёрат қилмоқ
visitor	[ВИЗИТЭ] n меҳмон, келувчи
vital	[ВАЙТЛ] adj ҳаётий, керакли
vivid	[ВИВИД] adj жонли, таъсирли
vocabulary	[ВЭКЭБЬЮЛЭРИ] n луғат, сўзлар рўйҳати
vocal	[ВОУКЭЛ] adj товушли, n вокал
voice	[ВОЙС] n овоз, v овоз чиқармоқ
void	[ВОЙД] бўш, бўшлик, вакуум
volcano	[ВЭЛКЕЙНОУ] n вулкан
volume	[ВОЛЬЮМ] n жилд, ҳажм
voluntary	[ВЭЛЭНТЭРИ] adj ихтиёрий, кўнгилли
vomit	[ВОМИТ] n қусиш, в кўнгли айниш
vote	[ВОУТ] овоз бериш, овоз
voucher	[ВАУЧЭ] n тилхат, ҳужжат
vulgar	[ВАЛГЭ] adj дағал вулгар
vulnerable	[ВАЛНЭРЭБЛ] заиф, қалтис
vulture	[ВАЛЧЭ] n йиртқич, журчи, қизғин

W

wage	[ВЕЙЖ] n ишчининг ойлиги
waist	[БЕЙСТ] n бел

wait	[ВЭЙТ] v КУТМОҚ
waiter	[ВЭЙТЭ] n официант
waitress	[ВЭЙТРИС] n официантка
wake, woke, woken	[ВЭЙК] v ЎЙҒАНМОҚ, ЎЙҒАТМОҚ
walk	[ВОК] n КЎЧА АЙЛАНИШ, v АЙЛАНМОҚ
wall	[ВО:Л] n ДЕВОР
wallet	[ВОЛИТ] n КАРМОН, ҲАМЪЁН
walnut	[ВО:ЛНЭТ] n ЁНҒОҚ
wander	['ВОНДЭ] v ДАЙДИБ ЮРМОҚ
want	[ВОНТ] v ХОҲЛАМОҚ, ИСТАМОҚ, n ЕТИШМА
war	[ВО:] n УРУШ
wardrobe	[ВО:ДРОБ] n ШКАП, ГАРДЕРОБ
warm	[ВО:М] adj ИЛИҚ, САМИМИЙ, ҚИЗҒИН, v ИСИТМОҚ
warn	[ВО:Н] v ОГАҲЛАНТИРМОҚ
warning	[ВО:НИНГ] n ОГОҲЛАНТИРИШ, ЭҲТИЁТКОРЛИК
warranty	[ВОРЭНТИ] n ГАРАНТИЯ
wash	[ВО:Ш] v ЮВМОҚ, КИР ЮВМОҚ, n ЮВИШ
washing machine	[ВО: ШИНГ МЭШИН] n КИР ЮВАДИГАН МОШИНА
wasp	[ВОСП] n АРИ
waste	[ВЕЙСТ] n АХЛАТ, v ҲАШЛАМОҚ
watch	[ВОЧ] v ҚАРАМОҚ, n ҚОЛ СОАТИ
water	[ВОТЭ] n СУВ, v СУВ ҚУЙМОҚ
wave	[ВЭЙВ] n ТЎЛҚИН, v СИЛКИНМОҚ, ХИЛПИЛЛАМОҚ
wax	[ВЭКС] n МУМ, adj МУМДАН ҚИЛИНГАН

way	[вэй] n йўл, усул
we	[ви:] pron биз
weak	[ви:к] adj заиф, кучсиз
weaken	[ви:кэн] v кучсизланиб бормоқ
weakness	[ви:книс] n дармонсизлик, кучсизлик
wealth	[вэлт] n бойлик
wealthy	[вэлти] n бой
weapon	[вэпон] n аслаҳа
wear, wore	[виэ] v (кийим) киймоқ
weary	[виэри] v чарчаган, чарчамоқ
weather	[вэдэ] n оби-ҳаво
weave, wove, woven	[ви:в] v тўқимоқ
web	[вэб] n гирдоб, ўргимчак уяси
wedding	['вэдинг] n никоҳ тўйи
Wednesday	[вэнсди] n чоршанба
week	[ви:к] n ҳафта
weekday	[викдэй] ҳафта ичидаги кун
weekend	[ви:кэнд] n шанба, якшанба, дам олиш кунлари
weep, wept	[би:п] v йиғламоқ
weigh	[вэй] v торозида тортмоқ
weight	[вэйт] n оғирлик, юк, тош
weird	[виэд] adj сирли, ажойиб
welcome	[уэлкэм] n марҳамат, хуш келибсиз
well	[уэл] adj яхши, жуда соз
well	[уэл] n қудуқ
well-known	[уэлноун] adj машҳур, таниқли

well-off	[уэло♦] adj бой
west	[уэст] n гарб, adj гарбий, adv гарбда
wet	[вэт] adj хўл, ёмғирли, v хўлламоқ
whale	[вэйл] n кит
what	[вот] conj нима, қайси
whatever	[вотэвэ] adj нима, -га
wheat	[ви:т] n буғдой
wheel	[ви:л] n ғилдирак, руль, v юмалатмоқ, ташимоқ
when	[вэн] inter қачон
whenever	[вэн'эвэ] adv ҳар гал, қачон..-га
where	[вээ] adv қаерда, қаерга
wherever	[вээвэ] adv қаерда...-га
whether	[ˈвэдэ] conj ёки
which	[вич] adj, pron қайси
while	[вайл] conj ҳозирча, n вақт
whip	[ви:п] n хипчин, навда, v қамчиламоқ
whisper	[ˈвиспэ] v шивирламоқ, n шивирлаш
whistle	[висл] n хуштак, v хуштак чалмоқ
white	[уайт] adj оқ, оқсоч, n тухумнинг оқи
who	[ху:] pron ким
whoever	[ху:эвэ] pron ким...-са
whole	[хоул] n бутунлай, adj бутун
whom	[ху:м] pron кими, кимга
whose	[ху:з] pron кимнинг
why	[вай] adv нимага
wide	[вайд] adj, adv кенг

325

widow	[видоу] n тул хотин
widower	[видоуэ] n тул эркак
width	[видд] n кенглик
wife	[вайф] n хотин
wild	[вайлд] adj ёввойи
will	[уил] n истак, хоҳиш
willow	[вилоу] n мажнунтол
win, won	[вин] v ғалаба қозонмоқ
wind	[вайнд] n шомол
wind, wound	[вайнд] v соат юргизмоқ
window	[виндоу] n ойна, панзара
windy	[винди] adj шамолли, енгилтак
wine	[вайн] n вино, шараб
wing	[винг] n қанот
winner	[винэ] n ғолиб, енгувчи
winter	[винтэ] n қиш, v қишламоқ
wipe	[вайп] v артмоқ
wire	[вайэ] n сим, телеграмма
wisdom	[виздом] n донолик, ақллик
wise	[вайз] adj доно, донишманд
wish	[виш] v хоҳламоқ, n хоҳиш
wit	[вит] n ақл, аския қилишга усталик
witch	[ви:ч] n жодугар
with	[виД] prep бирга,-билан
withdraw	[виДдро:] v тортиб олмоқ
wither	[виДэ] v солимоқ
within	[виД'ин] prep ичида

without	[виДаут] prep -сиз
witness	[витнис] n гувох, шохид
witty	[вити] n аскиячи
wizard	[визад] adj сихргар
wolf	[вулф] n бўри
woman	[вумэн] n хотин-киши
wonder	[вондэ] n хайрат, v хайрат бўлмоқ
wonderful	[вондэфул] adj ажойиб, жуда соз
wood	[вуд] n ўрмон, тахта, ўтин
wooden	[вудэн] adj тахтали, дарахт
wool	[вул] n жун
woolen	[вулен] adj жунли
word	[вё:д] n сўз
work	[вё:к] n иш, меҳнат, v ишламоқ
worker	[вёкэ] n ишчи
world	[вё:лд] n олам, дунё, adj оламий
worm	[во:м] n қурт, чувалчанг
worry	[вори] v безовта қилмоқ, n ташвиш,
безовталик	
worse	[вё:с] adj, adv ёмонроқ, энг ёмон
worship	[вё:шип] n сигиниш, v сигинмоқ, ибодат
қилмоқ	
worst	[вё:ст] adj энг ёмон, adv энг ёмони
worth	[вё:Т] n фазилат, обрў, қадр-қиммат
worthless	[вё:Тлис] adj арзимас
would	[вуд] ўтган замон will дан
wound	[ваунд] n яра, v ярадор қилмоқ

327

wrap   [рап] v ўрамоқ, n шол

wreath   [ри:Т] n гулчамбар

wreck   [рэк] n ҳалокат, v барбод бўлмоқ

wrestle   [рэсл] v курашмоқ

wring, wrung   [ринг] v сиқмоқ

wrinkle   [ринкл] n тириш, v тиришмоқ

wrist   [рист] n кўл соат, билак

write, wrote, written[райт] v ёзмоқ

writer   [райтэ] n ёзувчи

writing   [райтинг] n ёзма, асар

wrong   [ронг] adj нотўгри, адолатсиз

                        X

X-mas-Christmas ['крисмас] христианларни диний
байрами

X-ray   [экс рэй] n рентген, v рентген қилмоқ

                        Y

yacht   [йот] n яхта, елканли кема

yard   [йад] n ҳовли

yarn   [йан] n ип, калава, v эртак айтмоқ

yawn   [йон] v эснамоқ, n эснаш

year   [йеэ] n йил, сана

yeast   [йист] n ҳамиртуриш

yell   [йел] n фаръёд, v додламоқ, фаръёд

                        328

ҚИЛМОҚ

yellow	[йелоу] adj сариқ
yes	[йес] adv ха
yesterday	[йестэди] adv кеча
yet	[йет] adb, conj яна, халигача, аммо, лекин
yield	[йилд] v хосил қилмоқ, n хосил, махсулот
yolk	[йоук] n тухумнинг сариги
you	[йю] pron сен, сиз
young	[янг] n ёш, ёшлар
your	[йо] pron сизнинг, сенинг
yourself	[йоселф] pron ўзлари, ўзи
youth	[йоᴛ] n ёшлик

z

zebra	[зибрэ] зебра (ёввойи от)
zero	[зи:роу] n ноль, хечнарса, хечнима
zipper	['зипэ] n чақмоқ
zone	[зоун] n зона, доира, минтақа
zoo	[зу:] хайвонот боги

HIPPOCRENE FOREIGN LANGUAGE DICTIONARIES
Modern ● Up-to-Date
Easy-to-Use ● Practical

Albanian-English Dictionary
0744   ISBN 0-7818-0021-8 $14.95 pb

English-Albanian Dictionary
0518   ISBN 0-7818-0021-8 $14.95 pb

Armenian-English/English-Armenian   Concise Dictionary
0490   ISBN 0-7818-0150-8 $11.95 pb

Armenian Dictionary in Translation (Western)
0059   ISBN 0-7818-0207-5 $9.95 pb

Bulgarian-English/English-Bulgarian   Practical Dictionary
0331   ISBN 0-87052-145-4 $11.95 pb

Byelorussian-English/English-Byelorussian Concise Dictionary
1050   ISBN 0-87052-114-4 $9.95 pb

Classified and Illustrated Chinese-English Dictionary (Mandarin)
0027 ISBN 0-87052-714-2 $19.95 hc

An Everyday Chinese-English Dictionary (Mandarin)
0721 ISBN 0-87052-862-9 $12.95 hc

Czech-English/English-Czech Concise Dictionary
0276 ISBN 0-87052-981-1 $11.95 pb

Danish-English English-Danish Practical Dictionary
0198 ISBN 0-87052-823-8 $12.95 pb

Dutch-English/English-Dutch Concise Dictionary
0606 ISBN 0-87052-910-2 $11.95 pb

Estonian-English/English-Estonian Concise Dictionary
1010 ISBN 0-87052-081-4 $11.95 pb

Finnish-English/English-Finnish Concise Dictionary
0142 ISBN 0-87052-813-0 $9.95 pb

French-English/English-French Practical Dictionary
0199 ISBN 0-7818-0178-8 $8.95 pb

Georgian-English English-Georgian Concise Dictionary
1059 ISBN 0-87052-121-7 $8.95 pb

German-English/English-German Practical Dictionary
0200 ISBN 0-88254-813-1 $6.95 pb

English-Hebrew/Hebrew English Conversational Dictionary (Revised Edition)
0257 ISBN 0-87052-625-1 $8.95 pb

English-Hindi Practical Dictionary
0923 ISBN 0-87052-978-1 $11.95 pb

Hindi-English Practical Dictionary
0186 ISBN 0-87052-824-6 $11.95 pb

English-Hungarian/Hungarian-EnglishDictionary
2039 ISBN 0-88254-986-3 $9.95 hc

Hungarian-English/English-Hungarian Concise Dictionary
0254 ISBN 0-87052-891-2 $8.95 pb

Indonesian-English/English-Indonesian Practical Dictionary
0127 ISBN 0-87052-810-6 $11.95 pb

Italian-English/English-ItalianPracticalDictionary
0201   ISBN 0-88254-816-6 $6.95 pb

Japanese-English/English-Japanese   Concise
Dictionary
0474   ISBN 0-7818-0162-1 $11.95 pb

Latvian-English/English-Latvian Dictionary
0194   ISBN 0-7818-0059-5 $14.95 pb

Lithuanian-English/English-Lithuanian   Concise
Dictionary
0489   ISBN 0-7818-0151-6 $11.95 pb

Nepali-English/English Nepali Concise Dictionary
1104   ISBN 0-87052-106-3 $8.95 pb

Norwegian-English   English-Norwegian
Dictionary
(Revised Edition)
0202   ISBN 0-7818-0199-0 $11.95 pb

Polish-English/English Polish Practical Dictionary
0450   ISBN 0-7818-0085-4 $11.95 pb

Polish-English/English-Polish Concise Dictionary
(Completely Revised)
0268   ISBN 0-7818-0133-8 $8.95 pb

Polish-English/English-Polish Standard Dictionary
0665   ISBN 0-87052-882-3 $22.50 hc

Polish-English/English-Polish Standard Dictionary
0207   ISBN 0-7818-0183-4 $16.95 pb

English-Punjabi Dictionary
0144   ISBN 0-7818-0060-9 $14.95 hc

Romanian-English/English-Romanian Dictionary
0488   ISBN 0-87052-986-2 $19.95 pb

Russian-English/English-Russian Standard Dictionary
0440   ISBN 0-7818-0083-8 $16.95 pb

English-Russian Standard Dictionary
1025   ISBN 0-87052-100-4 $11.95 pb

Russian-English Standard Dictionary
0578   ISBN 0-87052-964-1 $11.95 pb

Russian-English/English-Russian Concise Dictionary
0262   ISBN 0-7818-0132-X $11.95 pb

Concise Sanskrit-English Dictiontary
0164   ISBN 0-7818-0203-2 $14.95 pb

English-Sinhalese/Sinhalese-English Dictionary
0319   ISBN 0-7818-0219-9 $24.95 hc

Slovak-English/English-Slovak   Concise Dictionary
1052   ISBN 0-87052-115-2 $9.95 pb

Spanish-English/English-Spanish   Practical Dictionary
0211   ISBN 0-7818-0179-6 $8.95 pb

Swedish-English/English-Swedish Dictioanry
0761   ISBN 0-87052-871-8 $19.95 hc

English-Tigrigna Dictionary
0330   ISBN 0-7818-0220-2 $34.95 hc

English-Turkish/Turkish-English   Concise Dictionary
0338   ISBN 0-7818-0161-3 $8.95 pb

English-Turkish/Turkish-English   Pocket Dictionary
0148   ISBN 0-87052-812-2 $14.95 pb

Ukrainian-English/English   Ukrainian   Practical Dictionary
1055   ISBN 0-87052-116-0 $8.95 pb

Ukrainian-English/English-Ukrainian Standard Dictionary
0006 ISBN 0-7818-0189-3 $16.95 pb

Urdu-English Gem Pocket Dictionary
0289 ISBN 0-87052-911-0 $6.95 pb

English-Urdu Gem Pocket Dictionary
0880 ISBN 0-87052-912-9 $6.95 hc

English-Urdu Dictionary
0368 ISBN 0-7818-0222-9 $24.95 hc

Urdu-English Dictionary
0368 ISBN 0-7818-0222-9 $24.95 hc

(Prices subject to change)

TO PURCHASE HIPPOCRENE BOOKS contact your local bookstore, or write to: HIPPOCRENE BOOKS, 171 Madison Avenue, New York, NY 10016. Please enclose check or money order, adding $4.00 shipping (UPS) for the first book and .50 for each additional book.

www.ingramcontent.com/pod-product-compliance
Lightning Source LLC
Jackson TN
JSHW011353130125
77033JS00023B/669